Reinhard Mohn
Menschlichkeit gewinnt

*Reinhard Mohn*

# Menschlichkeit gewinnt

Eine Strategie für
Fortschritt und Führungsfähigkeit

| Verlag BertelsmannStiftung

Bibliografische Information der Deutschen Nationalbibliothek

Die Deutsche Nationalbibliothek verzeichnet diese Publikation in der Deutschen Nationalbibliografie; detaillierte bibliografische Daten sind im Internet unter http://dnb.d-nb.de abrufbar.

Einmalige Sonderausgabe nach dem Tod von Reinhard Mohn, herausgegeben von der Bertelsmann Stiftung.
Der vorliegenden Ausgabe liegt die Originalausgabe von Reinhard Mohn: Menschlichkeit gewinnt als ungekürzte Lizenzausgabe für die Reinhard Mohn Gesamtausgabe, Verlag Bertelsmann Stiftung 2009, zugrunde.


*Verantwortlich: Karin Schlautmann*
*Herstellung: Sabine Reimann*
*Umschlaggestaltung: Bertelsmann Stiftung*
*Umschlagfoto: Hartmut Blume*
*Autorenfoto: Christoph Gödan*
*Gesamtherstellung:*
*Hans Kock Buch- und Offsetdruck GmbH, Bielefeld*
*Printed in Germany*
*ISBN 978-3-86793-062-8*

*www.bertelsmann-stiftung.de/verlag*

Reinhard Mohn wurde am 29. Juni 1921 in Gütersloh geboren. 1946 kehrte er aus amerikanischer Gefangenschaft zurück und übernahm die Leitung des familieneigenen Druck- und Verlagshauses. In über 40 Jahren führte er das Haus in die Spitzengruppe der internationalen Medienunternehmen. Die Struktur des Unternehmens ist geprägt von den Prinzipien Fairness, Partnerschaft und Gerechtigkeit. Sie sind Ausdruck seiner Vorstellung von Unternehmenskultur.

Im Jahr 1977 gründete Reinhard Mohn die Bertelsmann Stiftung. Sie setzt das gesellschaftspolitische, kulturelle und soziale Engagement fort und sichert die Unternehmenskontinuität. Die Mehrheit des Aktienkapitals der Bertelsmann AG ließ Reinhard Mohn 1993 auf die Stiftung übertragen. Sie spiegelt damit seine Überzeugung wider, dass sich große Vermögen der Sozialverpflichtung des Eigentums unterzuordnen haben.

Reinhard Mohn ist am 3. Oktober 2009 verstorben.

*In Dankbarkeit meiner Frau Liz gewidmet,*
*die mir in guter Partnerschaft geholfen hat,*
*meinen Weg zu finden.*

# Inhalt

# Vorwort

Als Schöpfer von Wohlstand aus privater Initiative muß der Unternehmer neben dem legitimen Streben nach Gewinn auch bereit sein, die Auswirkungen seines unternehmerischen Handelns auf die Gesellschaft, Kultur und Ökologie bei seiner Unternehmensstrategie zu berücksichtigen. Ein Paradigmenwechsel zu einer werteorientierten Unternehmensethik ist daher ebenso unverzichtbar wie das Denken in langfristigen globalen Zusammenhängen.

Andererseits sollte heute die Erkenntnis als selbstverständlich gelten, daß der Erfolg eines Unternehmens entscheidend von der Aktivierung seines Humankapitals abhängt. Wir wissen aber, wie schwierig es ist, diesen Anforderungen in der unternehmerischen Praxis Rechnung zu tragen. Mit der unternehmerischen Maxime »Menschlichkeit gewinnt« hat die große und erfolgreiche Unternehmerpersönlichkeit Reinhard Mohn für diese Herausforderung eine überzeugende Antwort gefunden.

Reinhard Mohn ging es aber nicht nur um den unternehmerischen Markterfolg. Er wußte stets auch um die unternehmerische Verantwortung gegenüber der res publica. Sind die Unternehmen einerseits auf geordnete und stabile gesellschaftliche und politische Verhältnisse angewiesen, so müssen sie sich andererseits auch ihrer Dynamik und Gestaltungskraft für Gesellschaft und Politik und der sich daraus ergebenden Verantwortung bewußt sein.

Die Globalisierung der Märkte verändert nicht nur dramatisch die bisherigen ökonomischen Strukturen in einem Prozeß der »schöpferischen Zerstörung«, sondern sie schafft auch eine Vielzahl von Risiken und Ungewißheiten für die Beschäftigung, für die soziale Sicherheit und für die Umwelt. Vor allem aber werden durch die Globalisierung die Politik und unsere hergebrachten politischen Institutionen herausgefordert, die weitgehend immer noch im nationalen Rahmen verankert sind. Die Politik ist an den Grenzen ihrer Leistungsfähigkeit angelangt. Sie kann in den eingefahrenen Gleisen ihrer Aufgabe, die Zukunft zu gestalten, immer weniger gerecht werden. Die Politik ist orientierungslos, ebenso wie das Vertrauen in ihre Ideen und Konzepte verlorengegangen ist.

Die Frage nach der Zukunftsfähigkeit der Politik ist die entscheidende Herausforderung, der sich alle Verantwortlichen in Politik, Gesellschaft und Wissenschaft stellen müssen. Sie steht auch gegenwärtig im Vordergrund unserer intellektuellen Anstrengungen im Club of Rome. Auch Reinhard Mohn hat sich schon seit Jahren mit seiner Bertelsmann Stiftung intensiv diesem Thema gewidmet mit vielfältigen Untersuchungen und Anregungen für eine schöpferische Revitalisierung der Politik. Die Zukunft denken für wirtschaftliches und gesellschaftliches Handeln ist eine Aufgabe und eine Verantwortung. Bei diesen Bemühungen haben die Bertelsmann Stiftung und der Club of Rome bei zahlreichen Projekten konstruktiv zusammenarbeiten können und sich dabei wechselseitig befruchtet.

Reinhard Mohns Philosophie zur Revitalisierung der Politik gründet sich auf seine Erfahrung mit dem kreativen Potential des Menschen im Unternehmen. Es ist seine Überzeugung, und in vielen Projekten der Bertelsmann Stiftung konnte der praktische Beweis erbracht werden, daß es möglich ist, durch Leistungsanreize eben diese individuellen Kräfte für größere Eigenverantwortung für die Gemeinschaft zu mobilisieren.

Mit seinem Bericht »Menschlichkeit gewinnt« an den Club of Rome zeigt Reinhard Mohn anhand seiner reichen unternehmerischen Erfahrungen praktikable Wege zu einer »Bürgergesellschaft«, die sich in Eigenverantwortung für die Gemeinschaft engagiert und damit der Politik wieder neue Gestaltungsspielräume eröffnet. Reinhard Mohns Bericht wendet sich mit persönlicher Überzeugungskraft vor allem an alle Akteure, die bereit sind, sich in der und für die Bürgergesellschaft zu engagieren. Möge Reinhard Mohns Botschaft viele Leser und »Mittäter« finden!

Der Club of Rome mit seinen einhundert Mitgliedern aus über fünfzig Ländern aus allen Erdteilen betrachtet sich als Katalysator des Wandels und als Zentrum von Innovation und Initiative. Aus diesem Grund begrüßt der

Club of Rome diesen Bericht als einen wichtigen Beitrag zu der notwendigen öffentlichen Auseinandersetzung über eines der grundlegenden Themen der Gegenwart, auch wenn nicht alle seiner Mitglieder uneingeschränkt mit ihm übereinstimmen. Bekenntnisse und Meinungen spiegeln den Erfahrungsbereich des Verfassers wider. Eine Debatte im Rahmen des Club of Rome soll die globale Dimension seiner Überlegungen weiter vertiefen.

*Für die Mitglieder des Exekutiv-Kommittees*
*des Club of Rome:*
*Ricardo Díez-Hochleitner, Präsident*
*Uwe Möller, Generalsekretär*

# Vorwort des Autors

Wer von uns mit Hilfe der heute die Welt umfassenden Berichterstattung versucht, eine Bilanz der internationalen Entwicklung zu ziehen und eine Prognose zu wagen, könnte leicht entmutigt werden. Meldungen über Streit und Versagen stehen im Vordergrund. Die notwendigen Verständigungen über gemeinsame Interessen oder Differenzen brauchen unglaublich viel Kraft und Zeit. – Vor Jahren schon diskutierte der Club of Rome die entscheidende Frage, ob die Aufgabe der Führbarkeit unserer Welt überhaupt lösbar ist. – Inzwischen wurden mancherlei Lösungen erprobt und neue Institutionen zur Koordination entwickelt. Das Interesse der Menschen an der Frage der Führbarkeit hat offensichtlich zugenommen – aber die Fortschritte sind eher bescheiden und nicht befriedigend.

Als Grund für diese langsame Entwicklung ist darauf hinzuweisen, daß der Prozeß der Globalisierung alle Kulturen und gesellschaftlichen Ordnungen der Völker berührt. Was in historischen Zeiträumen gewachsen ist, wird jetzt kurzfristig in Frage gestellt. Eine solche Umstellung ist für die Menschen ebenso schwer nachzuvollziehen wie die Akzeptanz externer politischer und wirtschaftlicher Zuständigkeiten.

Aber bestehen für die Menschen wirklich Alternativen? Können wir uns von dem Trend der Globalisierung abkoppeln und sind wir bereit, die Konsequenzen eines niedrigeren Lebensstandards zu tragen? – Diese Ungewißheiten bewegen heute die Führungseliten der Staaten ebenso wie ihre Bürger. Es ist noch keineswegs deutlich, was an unseren überlieferten Ordnungssystemen, wie zum Beispiel der Demokratie und der Marktwirtschaft, zu ändern ist, wenn sie innerhalb des internationalen Umfeldes funktionsfähig und erfolgreich sein wollen. Allen Menschen wird aber zunehmend deutlich, daß die Regeln der Vergangenheit für uns nicht weiterführend sind.

Dieses Buch unternimmt den Versuch, neue Ziele und Grundsätze für die Fortschreibung unserer Ordnungssysteme aufzuzeigen. Teilweise beruhen die Vorschläge auf erprobten neuen Konzepten, teilweise sind es erst Denkmodelle unter Berücksichtigung der heutigen Prämissen. Der Autor ist sich bei seinem Bemühen der spezifischen Sicht seiner Erfahrung bewußt. Es ist ihm auch deutlich, daß die aufgeführten Fortschreibungsmodelle nur einen Teil der Reformaufgabe darstellen. Diese Relativierung stellt aber nicht die Zielsetzung des Buches in Frage, auf die Notwendigkeit einer umfassenden Systemfortschreibung hinzuweisen. – Alle Kulturen stehen vor der Aufgabe, neue Ziele zu definieren, ihre Führungsstrukturen anzupassen und zeitgemäße Ordnungssysteme zu erproben. Nur mit Hilfe solcher Bausteine wird es den Menschen gelingen, Zusammenarbeit und Frieden in dieser Welt zu gewährleisten.

Der Autor hofft, daß dieses Buch zu ähnlichen Denkanstößen aus anderer Sicht führt. Ein daraus resultierender Dialog über Koordination und Führung in unserer Welt könnte einen hilfreichen Beitrag zur Gestaltung unserer Zukunftsfähigkeit darstellen. – In Europa und insbesondere in Deutschland haben wir im zwanzigsten Jahrhundert unsere Abhängigkeit von der Wahl richtiger politischer Ziele und gesellschaftlicher Strukturen erfahren. – Ich würde mir wünschen, daß ein internationaler Dialog über diese Fragen der dazugehörigen Systemfortschreibung dazu beiträgt, daß in Zukunft Menschlichkeit gewinnt!

*Reinhard Mohn*

# Einleitung

## Wandlungsfähigkeit als neue Prämisse gesellschaftlicher Beständigkeit

Die Kulturen der Völker sind sowohl von historischen Erfahrungen als auch von den grundlegenden Veranlagungen der Menschen geprägt worden. Die Gewährleistung von Sicherheit und Überlebensbedingungen bestimmten jederzeit die gesellschaftlichen Ordnungen. In langen Zeiträumen formierten sich aus Erkenntnissen Denkgewohnheiten, Rechtsordnungen und Besitzstände. – Die Herrschenden und oft auch ihre Untertanen waren am Erhalt der überlieferten Ordnung interessiert, da die Erfahrungen von Krieg und Chaos den Menschen sehr deutlich vor Augen standen.

Die Legitimation der Herrschenden beruhte auf erworbener oder ererbter Macht. Ihre Macht zu erhalten und auszubauen war für die Herrschenden eine dominierende Zielsetzung. – Die Gewährleistung erträglicher Lebensbedingungen für die Untertanen erschien ihnen dabei als nachrangig. – Unter solchen Existenzbedingungen galt es als eine Tugend, sich entsprechend den von der Tradition gesetzten Regeln zu verhalten. Individuelle Abweichungen wurden nicht geduldet. Fortschritt und Freiheit waren als gesellschaftliche Ziele nicht gefragt. Das Festhalten am Überlieferten bestimmte das Denken und Verhalten der Menschen.

Daß eine Gesellschaftsordnung unter diesen Prämissen wenig anpassungs- und entwicklungsfähig war, liegt auf der Hand. Externe militärische Einwirkungen, aber noch öfter der Verlust der Führungsfähigkeit, resultierten immer wieder im Zusammenbruch der gesellschaftlichen Ordnung und dem Zwang zum Neubeginn. Die in der heutigen Zeit von einer Gesellschaftsordnung erwartete Innovationsfähigkeit zum Wohle der Menschen war damals noch nicht einmal als Hoffnung vorhanden.

Diese Prämissen gesellschaftlicher Ordnung haben über Jahrtausende die verschiedenen Kulturen der Menschheit bestimmt. Auch Perioden größerer Stabilität änderten wenig an den Schwachpunkten der Ordnung, nämlich der Abhängigkeit von wenig legitimierter Macht und der geringen Lernfähigkeit autoritärer Strukturen. – Stagnation und der ständige Wechsel von Aufbau und Zerstörung erschienen als Elemente der menschlichen Geschichte schicksalhaft. – Was jedoch von den damaligen Statthaltern der Macht wohl kaum jemand vorausgesehen hat, war die Infragestellung ihres Herrschaftsanspruches durch ethische Grundsätze. Ich verweise auf den gesellschaftlichen Einfluß des Rechts und der Religionen. – Wir sollten erkennen, daß dieser Prozeß in unserer Zeit anhält. Ich verweise auf die Debatte über die Beziehung von Individuum und Staat, die Menschenrechte, die Abhängigkeiten von Solidarität und Subsidiarität in der Demokratie und den Stellenwert geistiger Orientierung.

In den beiden letzten Jahrhunderten haben sich auf unserer Welt Existenzbedingungen und Zielvorstellungen entwickelt, die zwangsläufig die tradierten Regeln der gesellschaftlichen Ordnung in Frage stellten. Beispielhaft möchte ich dazu auf folgende Entwicklungen verweisen:

- das von der Französischen Revolution geprägte neue Menschenbild,
- die Staatsform der Demokratie,
- der Fortschritt in der Wissenschaft,
- die Möglichkeiten der Technik,
- die entstehende globale Kommunikation und Kooperation.

Für die Menschen unserer Zeit folgte aus diesen Entwicklungen nicht nur ein höherer Lebensstandard, sondern vor allem mehr Freiheit im Denken und Handeln. – Jetzt konnten die überlieferten Vorgaben der Ordnung hinterfragt werden. Ihre Fortschreibung übernahmen neue gesellschaftliche Gruppierungen auf allen Ebenen. Der aus strukturellen Gründen bisher verhinderte gesellschaftliche Lernprozeß setzt mit großer Vehemenz ein! Die Ausgestaltung des politischen Systems der Demokratie fördert diesen Prozeß – insbesondere in bezug auf das Selbstverständnis und die Zielsetzung der Menschen.

## Grundlagen der Gesellschaftsreform

Der Aufbau einer neuen Gesellschaftsordnung, die mit neuen Zielen und völlig veränderten Prämissen funktionstüchtig sein sollte, gestaltet sich für die Menschen zu einer unbekannten Herausforderung. – Wir alle sind, mehr als uns das bewußt ist, von unserer Kultur und Tradition geprägt. Neue Ordnungen zu erlernen heißt aber, sich von Gewohnheiten und vermeintlichen Besitzständen zu trennen. – Dieser Lernprozeß ist schwierig, zeitraubend, und er verläuft nicht ohne Reibungen. Die Geschichte hat oft genug gezeigt, was geschieht, wenn eine neue gesellschaftliche Ausrichtung die Menschen zeitlich oder geistig überfordert. In solch einer Situation ist es notwendig, Engagement, Mut und Geduld miteinander zu verbinden. – Wir dürfen aber als Fazit schon heute herausstellen, daß nun berechtigte Hoffnung besteht, die Ursachen der Stagnation unserer Kultur zu überwinden. Und wir haben begriffen: Jeder einzelne von uns soll und kann daran mitwirken.

Lernprozesse ergeben sich aus neuen Erkenntnissen! – Ein plurales Vorgehen bei der Entwicklung neuer Lösungen und der evaluierende Vergleich der Ergebnisse sind dabei erprobte Mittel, um optimale Lösungen zu erreichen. – Diesen Prozeß kennen wir alle im Rahmen des Wettbewerbs in der Marktwirtschaft. Wir sollten aber auch begreifen, daß eine Optimierung von Lösungen in anderen Lebensbereichen, wie zum Beispiel in Politik und Staat, in gleicher Weise befördert werden kann. – Die Möglichkeiten des Voneinanderlernens in einer offenen Welt sollten wir nutzen, wenn wir jetzt vor der Aufgabe stehen, unsere gesellschaftlichen Strukturen neu zu ordnen. Der internationale Erfahrungsaustausch kann uns viel Lehrgeld ersparen. – Bei den Kriterien für neue Lösungen sollten wir nicht mehr nur an den überlieferten Maßstab der Ordnungsmäßigkeit denken. Dieser Maßstab war in früheren hierarchischen Strukturen verständlich und notwendig. Für die von uns zu konzipierende Neuordnung müssen wir neue Ziele setzen wie Identifikation mit der Gemeinschaftsordnung, Menschlichkeit, Effizienz, Flexibilität und Innovationsfähigkeit.

Wichtig für das Gelingen des Innovationsprozesses ist die Erkenntnis, daß der vor uns liegende Lernprozeß von den Menschen akzeptiert und dezentral verantwortet werden muß. Die sich stellende Aufgabe der Gesellschaftsreform ist so ungeheuer vielfältig und komplex, daß eine zentralistische Steuerung ausgeschlossen ist. Es geht ja auch nicht nur um eine einmalige Reform, sondern letztlich um die Etablierung des Systems einer lernfähigen Gesellschaft. – Nur durch einen pluralistischen und dezentralen Ansatz und das Engagement vieler Verantwortlicher können wir sachgerechte Lösungen und einen permanenten Fortschritt erwarten. – Die Voraussetzungen für ein solches Engagement zu schaffen ist eine wichtige Aufgabenstellung unseres demokratischen Staates. Wir müssen lernen, uns zu einer verantwortungsbewußten und lebendigen Bürgergesellschaft zu entwikkeln!

Bei der Neuordnung in der Welt der Arbeit hat es in dem hinter uns liegenden Jahrhundert viele Versuche und harte Auseinandersetzungen gegeben. Praktisch stand man hier vor den gleichen historisch begründeten Problemen wie im Bereich der Politik. – Erfahrungen der Vergangenheit, Besitzstände, Rechte, Überzeugungen und Gewohnheiten hatten zu einer Ordnung geführt, die nur unter statischen Bedingungen den Bedürfnissen der Menschen gerecht werden konnte. Neuerungen, wie zum Beispiel das Bemühen um materielle Gerechtigkeit und soziale Sicherung, wurden als systemgefährdend abgelehnt. Die im Zwanzigsten Jahrhundert schließlich erzielten Fortschritte gehen im wesentlichen zurück auf Initiativen demokratischer Politik und der Gewerkschaftsbewegung. – Die andauernde Diskussion um eine menschengerechte und effiziente Struktur in der Wirtschaft zeigt aber, daß diese Entwicklung noch im Fluß ist. Nicht endende Verteilungskämpfe und insbesondere das Versagen der Arbeitsmärkte machen deutlich, daß unsere Wirtschaftsordnung noch nicht ausreichend innovationsfähig ist. – Diese Aussage gilt für alle Bereiche unserer Gesellschaft.

Die vorstehend skizzierten Grundsätze für die anstehenden Reformen müssen insbesondere eine nachzuvollziehende Legitimation zur Übernahme von Führungsmandaten vorschreiben. Nur eine Führung, die sich durch Leistung und Haltung als kompetent erweist, kann letzten Endes von der Gesellschaft akzeptiert werden und als legitimiert gelten. – Diese Prämisse ist deshalb in unserer Zeit von so großer Bedeutung, weil die Fülle der Aufgaben zentral nicht mehr bewältigt werden kann. Nur eine weitgehende Dezentralisierung der Führungsverantwortung verspricht die Bewältigung der Menge und des Schwierigkeitsgrades der Entscheidungen sowie die Befähigung zur Innovation. Die Führungstechnik der Delegation der Verantwortung setzt aber voraus, daß sich die

Führungskräfte auf den unteren Ebenen, welche die Verantwortung übernehmen sollen, mit den Zielen und Regeln ihrer Organisation identifizieren. – Im Rahmen der delegierten Verantwortung setzt man nicht mehr vorrangig auf das Einhalten von Vorschriften und Disziplin, sondern vielmehr auf Kreativität, Initiative und Leistungsfähigkeit. Nur Menschen, die positiv zu ihrer Aufgabe stehen, können unter diesen Bedingungen erfolgreich sein.

Daraus folgt, daß die Personalarbeit im Bereich der Führung neu zu konzipieren ist. Haltung und Leistung müssen entscheiden. Überlieferte Auswahlkriterien, wie zum Beispiel die Legitimierung aufgrund von Eigentumsrechten, werden versagen. Wahlergebnisse können nur dann zu befriedigenden Resultaten führen, wenn die Wählenden sehr viel mehr über die anliegende Aufgabe und den Bewerber wissen. – Diese Voraussetzungen sind heute nicht gegeben, können aber geschaffen werden. – Angesichts der entscheidenden Bedeutung der personellen Führungskomponente für den Erfolg muß im Rahmen der anstehenden Reformen die Vergabe von Führungsmandaten leistungsorientiert erfolgen. Dieses Kriterium schließt die persönliche Haltung mit ein.

# I Ein neues Gemeinschaftsverständnis

## Gemeinschaft erfahren als Selbstverwirklichung und Verpflichtung

Aus der Vergangenheit sind uns die Ansprüche der Gesellschaft und ihrer Herrschaft als vorrangig vor den Zielen des Individuums übermittelt worden. Diese Rangfolge hatte sich nicht nur aus dem Selbstverständnis der Herrschenden ergeben, sondern auch aus der Tatsache, daß die Gewährleistung äußerer Sicherheit durch den Staat in historischer Zeit die entscheidende Existenzprämisse einer Gemeinschaft darstellte. Die Ausübung der Herrschaft geschah in der führungstechnisch einfachsten Form – nämlich der bedingungslosen Unterordnung der Bürger.

Die Bedeutung und Rangfolge gesellschaftlicher Entscheidungen haben sich in unserer Zeit entscheidend verändert. Zwar ist die Gewährleistung von Sicherheit eine wichtige staatliche Zielsetzung geblieben, die Menschen interessieren sich aber inzwischen mehr für die Bedingungen ihrer beruflichen Möglichkeiten und ihres Lebensstandards. Die demokratische Gesellschaftsordnung hat die Veränderung der Rangfolge der Ziele in einem mühsamen und noch nicht abgeschlossenen Transformationsprozeß neu gestaltet. Dabei hat sich heute die Auffassung bei den Bürgern durchgesetzt, daß es die Aufgabe der Regierung ist, den Lebensbedürfnissen ihrer Bürger zu dienen. – Was im Verlauf dieses Prozesses noch nicht wahrgenommen wurde, ist, daß man in unserer Zeit nicht einen Souverän durch den anderen austauschen kann, sondern daß die Demokratie ganz eigene Ziele und Regeln hat. In der Demokratie soll zwar der Staat dem Bürger dienen, aber der Bürger ist bei der Ausgestaltung dieses Auftrags auch persönlich gefordert. Durch seinen Einfluß kann und muß er die Fortschreibung gesellschaftlicher Zielsetzungen und die Gestaltung der Durchführung beeinflussen. Er hat darüber hinaus durch seinen persönlichen Einsatz und gemeinschaftsrelevante Beiträge die Funktionsfähigkeit der demokratischen Ordnung zu unterstützen. – Noch befinden wir uns in den meisten europäischen Demokratien in der Phase, in der die Bürger vom Staat vor allen Dingen persönliche Vorteile erwarten – und ihren eigenen Leistungsbeitrag so gering wie möglich halten. – In früheren Jahrhunderten war in diesem Sinne die Einforderung der Verpflichtung der Menschen relativ leicht durchzusetzen. Die von der Gemeinschaft benötigte Leistung wurde ganz einfach hierarchisch angeordnet. Heute hingegen muß das notwendige Engagement der

Bürger, für die Gesellschaft und im Rahmen der Subsidiarität für sich selbst einzustehen, in einer Form übermittelt werden, die Verständnis für die Maßnahmen schafft. Die Menschen in der Demokratie müssen auch in bezug auf ihre persönlichen Ziele einsehen, daß ihr eigener Vorteil von der Funktionsfähigkeit ihres Staates entscheidend beeinflußt wird – und daß es ihre Pflicht und zugleich ihr Vorteil ist, wenn sie sich an der Gestaltung der Gemeinschaft beteiligen und Verantwortung übernehmen. – Diese neue Relation zwischen Individuum und Gemeinschaft muß gelehrt und gelernt werden. Ein solcher Prozeß kann nach aller historischer Erfahrung leicht ein halbes Jahrhundert in Anspruch nehmen!

In bezug auf die Prämissen des Lebens in der Gemeinschaft haben in den letzten beiden Jahrhunderten die Vermehrung des Wissens, die Möglichkeiten der Technik und der steigende Lebensstandard der Menschen neue Vorbedingungen geschaffen. – Die Menschen erkannten die Chance, ihre Lebensbedingungen zu verbessern, – wenn sie neue Wege gingen. Bald wurden die tradierten Ordnungen als hinderlich und rückständig empfunden. Der daraus resultierende Protest gegen Gewohnheiten und Besitzstände war konfliktbeladen und zeitraubend. – Als neue gesellschaftliche Zielsetzung formulierte sich die Forderung des einzelnen, in seinem Leben eine Chance zu bekommen und am Fortschritt teilzuhaben.

Die Entwicklung eines neuen menschlichen Selbstverständnisses wurde beschleunigt durch den in unserer Zeit möglichen globalen Gedankenaustausch. Die sich verbreitenden elektronischen Medien lösten mit ihrer globalen Kommunikation einen noch nie erlebten Erkenntnis-

und Lernprozeß aus. Das Streben nach mehr Sicherheit und einem verbesserten Lebensstandard führte rasch zu einem internationalen Wettbewerb um die Spitzenplätze. – Als weitere gesellschaftliche Zieldefinition ergab sich daraus die Forderung nach Innovationsfähigkeit als Grundlage der Wettbewerbsfähigkeit.

Gesellschaftliche Ordnungen müssen von den Menschen getragen werden, wenn sie funktionstüchtig sein wollen. Dies gilt in unserer Zeit insbesondere für die Identifizierungsmöglichkeiten der Menschen mit ihrem Staat und ihrer Arbeit. In unserer Zeit des globalen Wettbewerbs der Ordnungssysteme wird von unserer Gesellschaft mehr Leistungsfähigkeit und vor allen Dingen mehr Kreativität gefordert. Nur eine Ordnung, mit der sich die Menschen identifizieren, verspricht die Kraft für die Bewältigung der Zukunft. – Niemand möge sich täuschen: Das über Jahrtausende praktizierte Konzept zentralistisch-hierarchischer Führung hat ausgedient.

Von diesem kulturellen Wandlungsprozeß sind praktisch alle Institutionen unserer Gesellschaft betroffen. Traditionen wurden ebenso fragwürdig wie überlieferte Werte, Dogmen und Formen. Bei der daraus resultierenden Demontage vorhandener Ordnungen wurde selbst der Wert der Gemeinschaft für das Leben des Menschen hinterfragt. Es gab Stimmen, die jegliche Verpflichtung und Bindungsnotwendigkeit leugneten bis hin zur Ablehnung der staatlichen Ordnungsfunktion und der Notwendigkeit von Ehe und Familie. Grenzenlose Freiheit, Selbstverwirklichung im Sinne von Egoismus und Hedonismus wurden gefordert und erprobt. – So erfuhren wir in der Auflösung einer alten Gesellschaftsordnung zugleich auch die Bedingungen und Grenzen einer neu zu schaffenden Ordnung.

Die notwendigen Grenzen der Freiheit haben wir relativ schnell erkannt. Deutlich hat die Gesellschaft gegen eine zu weit gehende Bindungslosigkeit protestiert. Der Besinnungsprozeß zur Definition neuer Ziele und einer gemeinschaftsverträglichen Verhaltensweise hält jedoch noch an. – Immerhin: Die Frage nach der geistigen Orientierung, nach Werten und Zielen findet wieder zunehmend Beachtung. Gesellschaftliche Mißstände und das persönliche Empfinden mangelnder Orientierung beschleunigen den Besinnungsprozeß. – Uns muß nun die Frage interessieren, welche Kraft oder Initiative den Prozeß der Erneuerung von Zielen und Ordnungen steuern oder beschleunigen könnte. Mit hoher Wahrscheinlichkeit werden die Impulse zu dieser Neuordnung nicht von den in Frage gestellten Institutionen und Hierarchien kommen. Vieles spricht dafür, daß die Menschen in ihrem täglichen Umfeld den Mangel an Normen und Orientierungen immer stärker verspüren werden. Das Vakuum selbst schafft Impulse, neue Ordnungen zu entwerfen. In den alltäglichen Lebensgemeinschaften von Familie, Schule, Berufswelt und Heimatstadt können sich neue Überzeugungen und Konventionen herausbilden. Es ist interessant, daß dieser Prozeß in den kleineren Städten und Gemeinden in den USA deutlich und mit großer Wirksamkeit stattfindet. – Entsprechend der ursprünglichen menschlichen Veranlagung dürfen wir erwarten, daß notwendige Gemeinschaften sich wieder ihre Regeln schaffen. – Dieser Prozeß wird viel Zeit in Anspruch nehmen und mit Kontroversen und Irrtümern belastet sein. Er dürfte aber die wahrscheinlichste und überzeugendste Variante des Zustandekommens einer neuen Gesellschaftsordnung darstellen.

Bei der Suche nach der Gesellschaftsordnung der Zukunft dürfen wir von folgenden Erfahrungen ausgehen:

1. Menschen wissen, daß eine Gemeinschaft ohne Ordnung nicht stabil ist. Sie fürchten Willkür und Rechtlosigkeit. – Die menschliche Veranlagung ebenso wie kulturelle Erfahrung führen zu der Forderung nach einer als wirksam und gerecht empfundenen Ordnung.

2. Menschen suchen und brauchen Gemeinschaft. – Gemeinschaft vermittelt Lebensfreude, Bestätigung und Geborgenheit.

3. Die sich heute ausbreitende Ablehnung von Gemeinschaftsbindungen erklärt sich aus den neuen Lebensprämissen und dem daraus resultierenden Selbstverständnis der Menschen. – Mit Sicherheit läßt sich aber voraussagen, daß der Staat nicht in der Lage sein wird, alle überlieferten Gemeinschaftsformen gleichwertig zu ersetzen. Schon heute ist erwiesen, daß der Staat in seiner erschreckenden Anmaßung Ziele gesetzt hat, die unerreichbar sind. Und zwar nicht nur wegen ihrer mangelnden Finanzierbarkeit, sondern vor allem wegen unzureichender staatlicher Kompetenz und eines Menschenbildes, das dem Selbstverständnis der Menschen nicht mehr entspricht. – Der Lernprozeß hat aber eingesetzt. Wir müssen herausfin-

den, wer in einer humanen Gesellschaft für was Verantwortung übernehmen muß. Dieser Prozeß wird uns noch viele Jahre beschäftigen!

4. Den Versuch zur Wiedergewinnung einer tragfähigen Ordnung durch Rückkehr zu den Regeln der »guten alten Zeit« können wir uns sparen. Die damaligen hierarchisch verfaßten Ordnungen sind heute nicht mehr aufgabengerecht – und auch nicht entwicklungsfähig. Ihre Wirkungsprämissen bestehen nicht mehr.

Derzeit beobachten wir zahlreiche Versuche, neue Gemeinschaftsformen zu entwickeln und neue Ziele zu setzen. Die Bewährung dieser Bemühungen steht noch aus. – Überwiegend verlassen wir uns noch auf die Ordnungen der Vergangenheit. Ihre Regeln gehen von überholten Zielen und Wertvorstellungen aus. Sie verhindern die Konsensfähigkeit und Problemlösungskompetenz unserer Gesellschaft. – Gerade die Erfahrungen der letzten Jahre sprechen dafür, daß offensichtlich der aus dem Versagen resultierende Druck noch stärker werden muß, bevor unsere Gesellschaft ihre Gestaltungsfähigkeit wiederfindet.

Alles spricht dafür, daß die tragenden Säulen einer neuen Gesellschaftsordnung aus der Mitte unserer Gesellschaft erwachsen werden. Dort empfindet man nicht nur die bestehenden Defizite sehr deutlich, man hat dort auch Vorstellungen, wie Menschen heute miteinander umgehen sollten. Diese Überlegungen werden nach Jahren der Erprobung und der Diskussion zu neuen Normen weiterentwickelt werden können. Dabei wird sich die Vielfalt der Versuche als ein besseres Steuerungsprinzip erweisen als der bisher übliche Anspruch auf Allgemeinverbindlichkeit. – Beispiele für solche Entwicklungen gibt es in verschiedenen Lebensbereichen. Ich verweise auf Versuche mit einer neuen geistigen Orientierung in Amerika und mit der Ausprägung der Unternehmenskultur in unserer Wirtschaft. – Man ist überrascht, welche Kräfte diese Inseln neuer Ordnungen schon in relativ kurzer Zeit entfalten konnten.

Die entscheidende Prämisse für das Zustandekommen solcher dezentraler Bemühungen um Orientierung und Gemeinschaftsordnung beruht nicht nur auf dem Bestreben der Menschen, sondern auch auf der Chance zur Realisierung ihrer Pläne. Wo überkommene Regelungen nicht in Frage gestellt werden dürfen, bahnt sich keine weiterführende Entwicklung an, sondern das Scheitern des bestehenden Systems. – Entwicklungen brauchen den Freiraum für kreatives Denken und die Chance des Lernens. Menschen haben die dazu notwendige Befähigung, wenn man sie nur gewähren läßt. – Diese kulturelle Erfahrung muß im Interesse der Wiedergewinnung unserer Gemeinschaftsfähigkeit überall in unserem Land verstanden werden. Wir müssen den Mut haben, den kreativen Menschen mehr Freiheit zu gewähren. Dazu gehört Spielraum zur Erprobung und das Ertragen von Fehlern. – Das dafür erforderliche führungstechnische Prinzip der Delegation von Verantwortung muß erlernt und durchgesetzt werden. Denn das sei noch einmal betont: Uns fehlt es in Wirklichkeit nicht an kreativen Menschen – uns fehlen nur Einsicht und Mut, diesen mehr Freiheit zu gewähren!

In der Wirtschaft verbreitet sich derzeit diese Erkenntnis unter dem globalen Wettbewerbsdruck relativ rasch. – In den anderen Lebensbereichen, wie zum Beispiel der Politik, der staatlichen Verwaltung und dem riesigen öffentlichen Dienstleistungsbereich, sind solche Entwicklungsbedingungen kaum anzutreffen. Eine groteske Situation: Wir kennen die Lösungen, aber wir haben nicht den Mut zu ihrer Realisierung. – Es bleibt nur die allerdings realistische Hoffnung: Leere Kassen werden uns denken lehren!

Nach der grundsätzlichen gesellschaftlichen Bewertung der Bedeutung von Gemeinschaftsfähigkeit sollen nun die Konsequenzen für einige wichtige Ausprägungen und Prämissen gemeinschaftlichen Lebens aufgezeigt werden.

## Gemeinschaftsfähigkeit in verschiedenen Lebensbereichen

Die Integrationsfähigkeit des einzelnen in die Gemeinschaft ist eine Prämisse jeder funktionstüchtigen Ordnung. Den Menschen ist das Interesse am Gemeinschaftsleben angeboren – nicht jeder hat jedoch die Fähigkeit, sich gemeinschaftskonform zu verhalten. – Gemeinschaftsfähigkeit muß deshalb erwachsen aus Erkenntnis der Notwendigkeit und praktischer Einübung. Die ausbildenden Institutionen, wie Elternhaus und Schule, müssen dieser Aufgabe wieder den gebührenden Rang geben. Hier ist auch der richtungweisende Einfluß des Staates gefordert.

Gemeinschaftsfähigkeit erfordert das Erlernen von Verhaltensweisen, Rechten und Pflichten zur gleichen Zeit. Bei der Wahrnehmung eigener Interessen müssen grundsätzlich auch die gleichberechtigten Ansprüche der Mitmenschen berücksichtigt werden. – Das Zusammenleben erfordert durch ethische Normen begründete Ordnungen. Der einzelne muß sich nicht nur diesen Regeln anpassen. Er muß darüber hinaus bewußt akzeptieren, daß sein persönliches Verhalten eine Begrenzung seiner Freiheit und eine persönliche Disziplinierung erfordert. Zur Erläuterung sei verwiesen auf Eigenschaften wie Selbstbeherrschung, Höflichkeit, Verläßlichkeit und Fairneß. – Disziplinlosigkeit, Egozentrik und Egoismus haben in einer Gemeinschaft keinen Platz. – Der Unvollkommenheit menschlicher Wesensart ist durch Toleranz, Verzeihen, aber auch durch Sanktionen Rechnung zu tragen.

### *Die Familiengemeinschaft*

In der Kulturgeschichte der Menschheit hat die Familie als unterster Baustein der Gemeinschaft eine unverzichtbare Rolle gespielt. Die Familie gewährleistete den schützenden Raum für das Aufwachsen und die Erziehung der Kinder. Sie übernahm die vielfältigen Funktionen, von denen wir in unserer Zeit meinen, sie durch den Staat besser erfüllen zu können. – Diese Entwicklung kann noch nicht abschließend bewertet werden. Sicherlich können bei der Kindererziehung in den Bereichen Bildung und Gesundheit durch gemeinschaftliche Lösungen bessere Leistungen angeboten werden. Aber kann der Staat auch die Zuneigung, Geborgenheit, das Verständnis und die Liebe vermitteln, die ein junger Mensch braucht? Kann der Staat in der Erziehung auf die Vorbildfunktion der Eltern verzichten? Ist der Staat in bezug auf die sozialen

Sicherungssysteme wirklich verläßlich? – Wissen wir schon, ob die Lebensgestaltung der Singles auf Dauer menschlich befriedigender ist als die Familiengemeinschaft?

Zusammengefaßt: Es gibt gute Gründe, über Bedeutung und Verantwortung der Familie als Basis der Gemeinschaft nachzudenken. Noch nie in der Kulturgeschichte der Menschheit haben sich alternative Basisordnungen als gleichwertig erwiesen. Die heutigen Alternativen versprechen zwar mehr Freiheit, aber gewähren sie insbesondere im Hinblick auf die Kinder eine humanere Entwicklung? – Es scheint an der Zeit, diese Fragen in die öffentliche Diskussion zu bringen. Manche gesellschaftlichen Errungenschaften könnten sich auch als Irrtum erweisen!

Bei dem geschilderten Gestaltungsprozeß muß der Staat verantwortlich mitwirken, so zum Beispiel in der Rechtsprechung, der Sozial- und Steuerpolitik. Der Staat übernimmt in dieser Richtung auch unterstützende Funktionen, wie zum Beispiel die Einrichtung von Kindergärten oder finanzielle Förderungen. – Solche Initiativen sind dann lobenswert, wenn sie nicht aus gesinnungsethischen Überlegungen und politischem Opportunismus resultieren, sondern finanziert sowie sachgerecht und human gestaltet werden können. – Es gibt Gründe, unseren Politikern zu raten, sich nicht zu übernehmen.

Aus gesellschaftlicher Sicht wäre es möglicherweise weiterführender, über die subsidiären Möglichkeiten der Familie nachzudenken. – Gerade in einer Zeit knapper Ressourcen und begrenzter staatlicher Umsetzungsfähigkeit sollten wir alle Möglichkeiten der Familie prüfen und nutzen, bevor wir dem Staat Verantwortung zuweisen. – In diesem Zusammenhang ist auch anzumerken, daß jede weitere Funktionsübernahme durch den Staat die Bedeutung, Verantwortung und Steuerungsfähigkeit der Familie reduziert. Diese Folgen erscheinen mir kontraproduktiv. Einen wichtigen Beitrag kann und muß die Politik dadurch erbringen, daß sie im Bildungswesen die Relationen von individuellem Anspruch und Gemeinschaftsverpflichtung klärt. Die Wende im Bildungswesen zu vollziehen, obliegt dem Staat. Erst dann kann sich nämlich die Familie ausreichend in die Erziehung der Kinder zur Gemeinschaftsfähigkeit einschalten.

Die vom Staat erwartete Initiative setzt allerdings eine Orientierung in unserer Gesellschaft voraus, die derzeit noch nicht ausreichend vorhanden ist. Der Staat kann diesem Mangel nicht per Gesetz begegnen. Er kann und muß aber darauf hinwirken, daß die öffentliche Debatte über die Folgen der Orientierungslosigkeit verstärkt wird. Nur so kann die Grundlage eines neuen ethischen Fundaments erwartet werden. – Solch eine öffentliche Debatte ist für die Politik nicht einfach! Es muß nämlich deutlich ausgesprochen werden, daß wir das zulässige Maß an persönlicher Freiheit seit langer Zeit überschritten und staatliche Hilfestellungen überzogen haben. Der Staat muß jetzt vom Bürger wieder die Übernahme von mehr Pflichten und Verantwortung einfordern. Ohne diese Durchsetzung des Grundsatzes der Subsidiarität ist unsere Gesellschaft nicht zukunftsfähig. – Eine schwierige, undankbare politische Aufgabenstellung – aber vielleicht bestätigt sich auch hier: »Not macht erfinderisch!«

Der Staat kann darüber hinaus die Rolle der Familie auch dadurch unterstützen, daß er den Eltern wieder deutlich die Weisungsverantwortung in der Erziehung überträgt. Für die derzeitige pädagogische Misere als Folge einer antiautoritären und zu liberalen Erziehung war der Staat verantwortlich. Er sollte jetzt die Konsequenz ziehen für den Aufbau einer neuen funktionstüchtigen Gemeinschaftsordnung. Dabei dürfen wir uns nicht scheuen, die unverzichtbaren Instrumente der Erziehung, wie menschliches Vorbild, ethische Orientierung, gesellschaftliche Formen, Gemeinschaftsfähigkeit und Disziplin, beim Namen zu nennen.

### *Die Gemeinschaftsform »Partnerschaft«*

Das Eingehen von Partnerschaften entspricht anthropologischen Gegebenheiten. Die Ausgestaltung dieser Gemeinschaftsform erfolgte in den verschiedenen Kulturen in Abhängigkeit von ihrem Menschenbild sehr unterschiedlich. – Die von jungen Menschen in unserer Zeit unterstellte Gleichberechtigung in der Partnerschaft ist historisch gesehen eher die Ausnahme gewesen. Die ethisch sehr hohe Anforderung gleichen Rechts hat sich zumeist als zu schwierig erwiesen, um Beständigkeit zu garantieren. – Es könnte sein, daß wir diese Erfahrung auch in unserer Zeit machen – und nur eine Minderheit zu wirklich gleichberechtigter Partnerschaft fähig ist.

Die heutigen Zielvorstellungen und Lebensbedingungen erzeugen bei jungen Menschen die Erwartung, daß sie auch in einer Partnerschaft ihren gewohnten Freiraum bewahren können. Plötzlich erfahren sie dann, daß Gemeinschaft Disziplin und Anpassungsbereitschaft erfordert. Entsprechend ablehnend reagieren sie auf diese als Einschränkung gemachte Erfahrung. Die Tatsache, daß eine freie Lebensgemeinschaft keine Ausnahme mehr ist, reduziert die Bereitschaft zum Eheschluß.

Als Folge dieser Entwicklungen beobachten wir in unserer Zeit eine geringere Bindungsbereitschaft und höhere Scheidungsraten. – Als Besonderheit entsteht der inzwischen gesellschaftlich akzeptierte Status des »Single«. – Über Stabilität, menschliche und soziologische Folgen dieses Trends können derzeit noch keine verläßlichen Aussagen gemacht werden. Aber: Allein zu stehen wird sich für den nach seiner ursprünglichen Veranlagung auf Gemeinschaft ausgerichteten Menschen vermutlich als ein großes Problem erweisen. Andererseits kann die in der Vergangenheit dominierende Form der hierarchisch gegliederten Lebensgemeinschaft dem heutigen Selbstverständnis, insbesondere dem der Frau, nicht gerecht werden.

Im Hinblick auf den internationalen Trend bleibt noch anzumerken, daß in vielen unterentwickelten Kulturen die Praxis der völligen Ablehnung von Partnerschaftsverantwortung und ein entsprechender Bindungsverzicht herrscht. Die Auswirkungen dieser Beliebigkeit auf Frauen und Kinder müssen aus unserer Sicht eindeutig als negativ eingeschätzt werden. Solche Regelungen werden unserem Menschenbild und Rechtsempfinden nicht gerecht.

Das »Soll-Modell« einer Ehe oder Partnerschaft kann in unserer Zeit nicht vom Staat oder einer Kirche vorgegeben werden. Unsere Gesellschaft muß erst wieder lernen, mit ihren neuen Freiheiten umzugehen – aber auch ihrer menschlichen Verantwortung gegenüber dem Nächsten nachzukommen! Ein mühseliger, leidvoller Weg. – Die Wiedergewinnung einer geistigen Orientierung würde das Erlernen der Gemeinschaftsfähigkeit in der Partnerschaft sehr erleichtern. Diese Erkenntnis ist aber noch nicht Gemeingut in unserer Zeit.

Hüten wir uns bei der Fortschreibung neuer Gemeinschaftsformen vor ethischen Überforderungen. – Das Eingehen und Bewahren einer Partnerschaft beruht auf schwer zu beurteilenden Prämissen. Im Verlauf einer Lebensgemeinschaft ändern sich viele der ursprünglichen Voraussetzungen. – Auch mit großer Toleranz und der Bereitschaft zum Verzeihen können manche Bindungen unter humanen Bedingungen nicht mehr aufrechterhalten werden. Wenn zwischen zwei Menschen das notwendige Mindestmaß an Gemeinsamkeiten nicht mehr besteht, muß die Auflösungsmöglichkeit der Gemeinschaft bestehen. Die dabei auftretenden Härten und zu berücksichtigenden Verpflichtungen müssen als ein Gebot des Anstands und der Fairneß beachtet werden. – Dabei kann auf staatliche Regelungen nicht verzichtet werden.

### *Der Beitrag der Schule zur Gemeinschaftsfähigkeit*

Der überzogene Gemeinschaftsbegriff des Nationalsozialismus mußte nach dem Krieg durch das Bildungswesen korrigiert werden. Wir mußten wieder lernen, daß der Bürger nicht für den Staat da ist, sondern der Staat für den Bürger! – Diese Kurskorrektur haben wir bis zum heutigen

Tage nur teilweise bewältigt. Die Rechte des einzelnen wurden damals als »Selbstverwirklichungsanspruch« definiert, ohne die gebotene Relation zur Gemeinschaft zu beachten. Zur gleichen Zeit wurden Freiheitsrechte in einem Umfang gefordert und gewährt, welche die Funktionstüchtigkeit der Gesellschaft in Frage zu stellen drohten.

Diese Phase der Individualisierung in der Gesellschaft wurde stark belastet durch die gleichzeitige Infragestellung der überlieferten ethischen Werte. – So verlor unsere Gesellschaft zugleich ihre Gemeinschaftsfähigkeit und den Wertekonsens. – An diesem noch nicht bewältigten Defizit muß unser Bildungswesen – vor allem die Schule – vordringlich arbeiten. Wir müssen wieder Gemeinschaftsfähigkeit erlernen – und das nicht nur theoretisch im Unterricht. Gemeinschaft muß vor allem in der Praxis geübt werden. Das Vorbild des Lehrers und der Eltern ist dabei unverzichtbar.

Um unsere demokratische Ordnung wieder wirksam werden zu lassen, müssen wir jetzt wieder Konsensfähigkeit und die Übernahme von Verantwortung erlernen. Jedermann muß begreifen: Der demokratische Bürger hat nicht nur Rechte – sondern in gleichem Maße auch Pflichten.

Zur Effizienz des Lernvorgangs ist anzumerken, daß einerseits Lernen durch Einsicht und Motivation gefördert wird. – Es ist andererseits aber normal, daß nicht alle Kinder eine solche positive Einstellung zum Lernen aufbringen. Im Interesse dieser Kinder und des Lernerfolges der gesamten Klasse muß deshalb auch wieder Disziplin verlangt werden. – Ohne die Fähigkeit der Kinder zum Gehorchen kann auch das Elternhaus den ihm zugedachten Erziehungsbeitrag nicht erbringen. – Zur Gewährleistung der Übereinstimmung der Erziehungsanstrengungen von Schule und Elternhaus muß die Verfassung der Schule einen lebendigen Dialog mit den Eltern gewährleisten.

### *Bedeutung der Gemeinschaftsfähigkeit in der Berufswelt*

In der Wirtschaft haben sich die Arbeitsprämissen in den letzten Jahrzehnten völlig verändert. Der Arbeitsprozeß kann aufgrund des gestiegenen Schwierigkeitsgrades und Innovationsbedarfs nicht mehr zentralistisch gesteuert werden. Die Verantwortung muß delegiert und das Kreativpotential der Mitarbeiter erschlossen werden.

Für die Unternehmensleitung folgt daraus eine völlig veränderte Führungstechnik. Es kann nicht mehr alles mit Hilfe von Vorschriften angeordnet werden. Vielmehr müssen Mittelmanagement und Mitarbeiter im Sinne des Unternehmensauftrages lernen zu denken und zu handeln. – Voraussetzung für den Erfolg des Systems delegierter Verantwortung ist bei allen Betroffenen die Überzeugung von der Richtigkeit der Zielsetzung und der angeordneten Arbeitsbedingungen. – Das heißt: Das wettbewerbsfähige Unternehmen muß in unserer Zeit zu einer Gemeinschaft werden, die Verantwortung übernimmt und im Sinne der Unternehmenszielsetzung kreativ wird. – Die Umstellung aller Beteiligten auf diese neue Unternehmenskonzeption ist schwierig, zeitaufwendig – aber um des Erfolges willen unverzichtbar. Die dazu erforderliche Gemeinschaftsfähigkeit setzt voraus, daß der Leistungsbeitrag des Unternehmens für die Gesellschaft als oberstes Ziel anerkannt wird, zugleich aber als Unterziele auch die Selbstverwirklichungsansprüche von Kapital, Führung und Mitarbeitern beachtet werden.

### *Der Beitrag des Staates zur Gemeinschaftsfähigkeit unserer Gesellschaft*

Ein wichtiges Lernziel unseres Staates muß die Erkenntnis sein, daß er neben Führungsaufgaben vor allem Dienstleistungen nach dem Willen einer demokratisch verfaßten Gesellschaft zu erbringen hat. Daraus folgt der Respekt vor dem »Bürger als Kunden« und die Höflichkeit eines Serviceunternehmens. – Der Staat muß auch noch lernen, seine Leistungen von den Bürgern bewerten zu lassen. Er kann sich nicht mehr wie bisher allein auf die Ziele Gleichheit und Ordnungsmäßigkeit berufen. In unserer Zeit muß der Staat zugleich auch effizient und innovationsfähig sein – und den Bürger von seiner Leistungsfähigkeit überzeugen. Das Instrument des Wettbewerbs ist dabei auch für die Dienstleistungen des Staates ein guter Ratgeber.

Diese Zielfortschreibung erfordert eine andere Führungstechnik als den »Dienst nach Vorschrift«. Der Staat muß seine Führungskräfte und Mitarbeiter dazu anhalten, eigenständig zu denken und mitzusprechen. Ohne die Kreativität und Motivation der im Staat Beschäftigten ist die in unserer Zeit erforderliche Leistungsbereitschaft und Lernfähigkeit nicht zu erreichen. – Hier kommt eine gewaltige Umstellung des Aufgabenverständnisses und der Führungspraxis auf Politik und Verwaltung zu. Alle Beteiligten müssen lernen, ihren Platz in dieser Leistungsgemeinschaft einzunehmen. – In der Wirtschaft bezeichnet man eine solche Ordnung als »Unternehmenskultur«. – In unserem Staat könnte man von einer Kultur der staatlichen Verwaltung sprechen. Ihr Leitsatz könnte heißen: »Dem Bürger dienen durch Verantwortungsübernahme, Leistung und Fortschritt.«

Die für eine solche Reform erforderliche Identifizierung der Beschäftigten mit dem Staat setzt das Bejahen der Ziele und der Art ihrer Erreichung voraus. – Der Staat, und vor allem unsere Politiker, müssen diese Führungsprämissen herstellen. Das Anliegen meiner Ausführungen habe ich – um es leichter verständlich und umsetzbar zu machen – in den nachstehenden Thesen zur Gemeinschaftsfähigkeit noch einmal zusammengefaßt:

## Zehn Gebote zur Gemeinschaftsfähigkeit

1. Die Teilnahme an der Gemeinschaft entspricht der Wesensart des Menschen. Gemeinschaft erfreut, hilft und gibt Sicherheit. – Selbstverwirklichung ohne Anerkennung der Rechte der Gemeinschaft ist ein Irrtum.

2. Eine tragfähige Gemeinschaft setzt ein ausreichendes Maß gemeinsamer Veranlagungen, Auffassungen und Interessen voraus. – Zuneigung kann diese Basis verstärken – aber nicht ersetzen.

3. Die Gemeinschaft muß Freiraum lassen für die persönliche Entfaltung des Menschen. Unterschiedlichkeiten

in der Veranlagung und Entwicklung können durch Toleranz und Fairneß bewältigt werden. – Gegenseitige Achtung und ein offener Dialog erleichtern die Akzeptanz.

4. Gemeinschaftsfähigkeit muß gelernt werden. Eltern und Lehrer sind dafür ebenso verantwortlich wie der Staat. Das Streben nach persönlicher Entfaltung ist begrenzt durch Pflichten und Rücksichtnahme.

5. Der gleiche Lebensanspruch in einer Partnerschaft ist nicht in Frage gestellt durch unterschiedliche Pflichten. – Eine Gemeinschaft auf der Grundlage gleicher Rechte erfordert ein hohes Maß an Einsicht und Konsensfähigkeit.

6. Die Familiengemeinschaft ist für das Heranwachsen der Kinder durch keine andere Form gleichwertig zu ersetzen. – Das heutige Streben nach Unabhängigkeit berücksichtigt nicht die Folgen für die Kinder.

7. Die Regeln für das Zusammenleben einer Gemeinschaft werden geprägt von der Überlieferung menschlicher Wesensart und zeitbedingten Existenzprämissen. – Gemeinsame Überzeugungen und die Beachtung von Formen erleichtern das Zusammenleben. – Die Gemeinschaft muß die von ihr gesetzten Regeln durchsetzen.

8. Aus Identifizierung erwachsene Motivation ist im Hinblick auf Erfolg und Gemeinschaftsfähigkeit wert-

voller als Gehorsam. Auf Disziplin kann trotzdem nicht verzichtet werden! – Das Vorbild der Eltern und der Vorgesetzten erleichtert die Durchsetzung von Anordnungen.

9. Aufrichtigkeit und Verläßlichkeit bilden die Grundlage des Vertrauens und fördern die Stabilität einer Gemeinschaft. – Das Wissen um die menschliche Unvollkommenheit erleichtert Verstehen und Verzeihen.

10. Gemeinschaften verfolgen selbstgesetzte Ziele. Die Zeit kann diese Vorgaben verändern oder aufheben. – Es bedeutet kein Scheitern, daraus die Konsequenz zu ziehen.

Die Wiederherstellung der Gemeinschaftsfähigkeit unserer Gesellschaft ist die wichtigste Voraussetzung für die Sicherung unserer Zukunft. Die Bewältigung dieser Aufgabe setzt die Wiedergewinnung einer geistigen Orientierung voraus.

Wir alle sind gehalten, die in der Demokratie gewährten Rechte und Pflichten so zu gestalten, daß Einvernehmen zwischen den Menschen wieder möglich wird. – In der gegenwärtigen Krise von Werten und Formen muß die Erneuerung des Gemeinschaftslebens aus der Mitte der Gesellschaft gestaltet werden. – Wir haben die Freiheit zum Handeln! Wir sollten sie nutzen!

Mit Befriedigung dürfen wir zu dieser Entwicklung anmerken, daß der gesellschaftliche Lernprozeß sichtbare Ergebnisse zeigt. Die Bürger haben sich daran gewöhnt, Vorschriften und Entscheidungen des Staates zu hinterfragen und durch die Teilnahme an politischen Wahlen ihre eigene Überzeugung zum Ausdruck zu bringen. Die Erkenntnis persönlicher Betroffenheit von richtigen und falschen Politikentscheidungen nimmt zu. – Besonders erfreulich ist die zunehmende Bereitschaft der Bürger zu werten, ehrenamtliche gemeinnützige Verantwortung in verschiedensten Formen zu übernehmen. Die Bürgergesellschaft formiert sich. – Als Beispiel verweise ich auf die Ausweitung ehrenamtlicher Tätigkeiten im sozialen und kulturellen Bereich, aber auch auf die Mitwirkung in der Kommunalpolitik sowie die gedankliche Anstöße vermittelnde Tätigkeit gemeinnütziger Stiftungen.

## »Geistige Orientierung«: eine Grundlage unserer Kultur

Die Geschichte der Menschheit hat immer wieder verdeutlicht, daß Menschen für die Ordnung ihrer Gemeinschaft Regeln in Form ethischer Gebote und rechtlicher Grundsätze brauchen und bejahen. Die Schrecken der Anarchie wurden von der Menschheit oft genug erfahren, um die Furcht vor Gesetzlosigkeit und Willkür in der Erinnerung wachzuhalten. Zwar haben die Menschen nicht jede Form der Herrschaft hingenommen – gegen Unrecht oder Bedrohung der Existenz haben sie sich stets im Sinne der Selbsterhaltung gewehrt. – Man darf wohl verallgemeinern, daß die Menschheit zumeist ihre Herrschaft hingenommen hat, weil die Notwendigkeit einer geordneten Gemeinschaft verstanden wurde.

Die Grundsätze für die Ordnung einer Gesellschaft werden vom Selbstverständnis und den Lebensprämissen der Menschen bestimmt. Diese Voraussetzungen berücksichtigen die unveränderbar bleibenden Eigenschaften menschlicher Wesensart. Sie sind zugleich aber auch beeinflußt von der kulturellen Entwicklung – und in diesem Sinne flexibel und interpretierbar. – Ich verweise als Beispiel auf die hierarchisch geprägte Ordnung unserer Gesellschaft in der ersten Hälfte unseres Jahrhunderts und die dann als Gegenreaktion erklärbare Liberalisierung in der zweiten Hälfte.

Aus diesem Wandel können wir Lehren ziehen für unsere Zukunft. Wir haben zu bedenken, auf welchen Fundamenten unsere Gesellschaft gegründet werden kann und welche Ziele sie sich setzen sollte. Unser heutiges Selbstverständnis ist weit entfernt von der früheren Mentalität des Untertans, der Herrschaft mehr oder weniger überzeugt ertrug. Heute müssen wir auf einem anderen Menschenbild wieder aufbauen. Dabei sollten wir die Erfahrungen unserer Kultur sehr wohl zu Rate ziehen. – Europa und sein Menschenbild sind insbesondere von der christlichen Lehre und dem römischen Recht geprägt worden. Aus diesen Grundlagen erwuchs sowohl der Respekt vor dem menschlichen Leben als auch der Wunsch nach eigenständiger Lebensgestaltung. Zwar haben sich unter dem Einfluß geographischer und sprachlicher Barrieren viele Besonderheiten entwickelt; das die Ordnung der Staaten bestimmende Menschenbild behielt aber die Charakteristika der Werte des Abendlandes.

Im Verlaufe des Zwanzigsten Jahrhunderts haben nun Einflüsse der Wirtschaft und der Kommunikation Landesgrenzen relativiert, und wir erleben, daß die Kompetenzen des Nationalstaates begrenzt werden. Die demokratische Ordnung hat dazu beigetragen, überlieferte hierarchische und veraltete Strukturen zu hinterfragen und den Weg für eine europäische Völkergemeinschaft zu ebnen. Die sich jetzt abzeichnenden Strukturen einer Europäischen Union werden aber bei allen regionalen Besonderheiten doch die Werte des Abendlandes und das aus ihnen erwachsende gemeinsame Menschenbild erkennen lassen.

Das Selbstverständnis der Menschen, ihre Überzeugungen und Werte beruhen auf ihren in langen Zeiträumen gewachsenen Erfahrungen. Ihr Lebenswille und das menschliche Streben nach Sicherheit und Fortschritt bedingen, daß der Prozeß der Gemeinschaftsgestaltung als kontinuierliche Aufgabe begriffen werden muß. Die wichtigsten Impulse einer Fortschreibung werden dabei von den ethischen Vorgaben unserer Kultur ausgelöst. – Als Beispiel verweise ich auf die gewaltigen Umstrukturierungen, die im Zwanzigsten Jahrhundert aus dem Verlangen nach mehr Gerechtigkeit und Solidarität resultierten.

Die für eine Gemeinschaft verantwortliche Führung wird nur erfolgreich und beständig sein, wenn sie es versteht, die Ansprüche des einzelnen mit den Rechten seiner Mitmenschen in Einklang zu bringen. Diese gesellschaftliche Prämisse kann nicht allein durch Rechtsetzung erfüllt werden. Die Fähigkeit zum Leben in einer Gemeinschaft muß darüber hinaus gelehrt und geübt werden. Jeder muß begreifen, daß er nicht nur von der Gemeinschaft einen Vorteil erwarten darf, sondern daß er dieser Gemeinschaft auch mit einem eigenen Leistungsbeitrag verpflichtet ist. Der einzelne muß die Teilnahme an der

Gemeinschaft als einen Teil seiner persönlichen Zielsetzung und der Wahrnehmung seines Vorteils begreifen. – In diesem Sinne ist die Führung der Gesellschaft verpflichtet dafür zu sorgen, daß Regeln erlassen, eingeübt und durchgesetzt werden.

Die Führung der deutschen Bundesrepublik hatte sich in der zweiten Hälfte unseres Jahrhunderts insbesondere mit der Gestaltung des Verhältnisses des Bürgers zu seinem demokratischen Staat zu befassen. Diese Aufgabe beinhaltete auch das Setzen neuer Ziele – sowohl für den einzelnen wie für die Gesellschaft. – Die überkommenen hierarchischen Strukturen mußten den flexibleren Regeln eines demokratischen Staates angepaßt werden. Der Staat selbst mit seinen vielfachen Dienstleistungsaufgaben mußte begreifen, daß seine überlieferte Zieldefinition der »Ordnungsmäßigkeit« in unserer Zeit nicht mehr ausreichend ist, um den Anforderungen der Bürger und den Kriterien internationaler Wettbewerbsfähigkeit zu entsprechen.

Vor allem aber mußte das Selbstverständnis der Menschen an die sehr andersartige Rolle des Bürgers in einem demokratischen Staat angepaßt und eingeübt werden. Dazu war auch eine Weiterentwicklung des Verständnisses der ethischen Grundfragen unverzichtbar. – Die politischen Debatten in den vergangenen Jahrzehnten beleuchteten deutlich nicht nur die sich wandelnde Wertung des Menschenbildes, sie lehrten uns auch, daß nur bei einem Mindestmaß an Übereinstimmung der die Kultur prägenden Werte Konsensfähigkeit in Politik und Wirtschaft zu erreichen ist. – Wir haben im Zwanzigsten Jahrhundert das Mittel der Streitkultur intensiv genutzt – und wir haben damit auch Fortschritte erzielt. Heute erfahren wir aber, daß ohne ausreichende Übereinstimmung in ethischen Grundfragen weiterführende und gestaltende Arbeit extrem erschwert ist. – Der Prozeß der Definition neuer Wertvorstellungen ist noch keineswegs abgeschlossen. In vielen Bereichen herrscht zum Beispiel immer noch die Auffassung, daß bei strikter Disziplin auf die Identifizierung der Menschen verzichtet werden kann. Das mögliche Leistungspotential der zur Eigenständigkeit und Demokratie erzogenen Bürger wurde noch nicht begriffen! – Diese Defizite mögen enttäuschen, wir sollten aber aufgrund historischer Erfahrung bedenken, daß wir in einem riesigen kulturellen Wandlungsprozeß stehen. Daß solche Umstrukturierungen Zeit brauchen, ist in der Geschichte immer wieder belegt. – Ich bin deshalb zuversichtlich, daß wir mit Geduld, Zielstrebigkeit und persönlicher Verantwortungsbereitschaft den Wandel bewältigen werden!

In bezug auf die Demokratisierung wurde in Europa inzwischen positiv vermerkt, daß der Bürger von seinem Staat gute Leistungen erwarten und persönlich mehr Freiheiten in Anspruch nehmen darf. Noch nicht begriffen haben aber die Menschen, daß die Spielregeln der Demokratie auch entsprechende Gegenleistungen der Bürger fordern. – Erst langsam übernehmen Einzelne freiwillig gesellschaftliche Verantwortung – und sie beginnen das Ordnungsprinzip der Subsidiarität zu verstehen. – Dieser Lernprozeß muß nicht zuletzt von unseren verantwortlichen Politikern verstärkt werden. – Mit Gefälligkeitspolitik allein kann demokratisches Verhalten nicht erreicht werden. Vielmehr muß die Politik den Bürger zum Engagement auffordern. Und der Bürger muß lernen und durch sein Verhalten bestätigen, daß er die Ausgestaltung der Gemeinschaft auch als Wahrnehmung seiner persönlichen Interessen versteht.

Der in Gang befindliche Prozeß einer neuen ethischen und politischen Orientierung muß sowohl von der Politik als auch von den Bürgern getragen werden. Die Erziehung zur Gemeinschaftsfähigkeit hat wieder im Elternhaus einzusetzen. Das Bildungswesen muß darauf aufbauen und die Rolle des eigenständigen und verantwortlichen Bürgers in der Gesellschaft verdeutlichen und einüben. Nur so können wir hoffen, unser Leben zugleich in Eigenständigkeit und Freiheit gestalten zu können. Wir sollten dabei aber auch bedenken – und das haben wir in den letzten Jahrzehnten deutlich erfahren –, daß die Freiheit nicht am Anfang des Lernprozesses steht, sondern der Lohn für die Beherrschung der Gemeinschaftsfähigkeit ist. – Bei der Aufgabe der Erziehung sollten alle Verantwortlichen stets daran denken, daß sie durch ihr Vorbild in unserer Gesellschaft sehr viel bewirken. Dies gilt im Hinblick auf die Erziehung zum Guten – als auch zur Verführung im negativen Sinn. – Besondere Bedeutung in der Erziehung und für die Vermittlung von Werten haben in unserer Kultur stets die religiösen Institutionen gehabt. Wir wissen zwar, daß Staat und Familie in dieser Hinsicht in erster Linie verantwortlich sind. Die Geschichte zeigt andererseits aber, daß die besondere Struktur und Zielsetzung der Religionsgemeinschaften im Hinblick auf die Wertevermittlung Ergebnisse erzielt, die, insbesondere bezüglich der Nachhaltigkeit, in anderer Weise nicht zu ersetzen sind.

Nach meiner Auffassung erfährt heute die Wertevermittlung nicht mehr die Aufmerksamkeit, die ihr aus gesellschaftlichen Gründen zukommt. Die Verbesserung des Lebensstandards und die Vermehrung des Wissens haben in einem Teil unserer Gesellschaft zu der Überzeugung geführt, daß sich ein fortschrittlicher Staat mit der Erziehung zu ethischem Verhalten weniger zu befassen hat. Extreme Liberalität gilt heute als Leitbild. – Die Folgen dieser Liberalität sprechen allerdings dafür, diese Auffassung noch einmal zu überprüfen. Wir haben nämlich in der gleichen Zeit auch erfahren, daß Egozentrik und Rücksichtslosigkeit die Gemeinschaftsfähigkeit in Frage stellen. Die Geringschätzung von Werten und der Verzicht auf persönliche Haltung reduzieren nicht nur das Ausmaß möglicher Freiheit des Bürgers, sondern auch die Leistungs- und Führungsfähigkeit unserer Gesellschaft.

Bei unseren Bemühungen um eine Wiedergewinnung geistiger Orientierung wird es nicht ausreichen, frühere Bekenntnisse und Praktiken der Vermittlung wiederzubeleben. Zu sehr haben sich inzwischen das Selbstverständnis der Menschen und seine Lebensprämissen verändert. Vielmehr ist heute Besinnung, Klärung und Lernen angesagt. Dies gilt sowohl für den notwendigen Beitrag unserer Politiker als auch für den Einsatz der Verantwortlichen in den Religionsgemeinschaften. – Im Hinblick auf die anstehende Reformarbeit erscheint es mir denkbar, daß in Zukunft kleinere Gruppen aus Engagement und Überzeugung die Neugestaltung der geistigen Orientierung in Angriff nehmen und besser bewältigen als große und dogmatisch festgelegte Organisationen. – So könnte ich mir gut vorstellen, daß, ähnlich wie bei den jüngsten Entwicklungen der Bürgergesellschaft, solche Bestrebungen von der Basis getragen auch im ethischen Bereich entstehen. Ansätze dazu können wir in den USA beobachten! – Wenn meine These zutreffend ist, daß Menschen geistige Orientierung brauchen und suchen, könnte aus dieser Entwicklung eine gesellschaftlich relevante Kraft zur Erneuerung der geistigen Orientierung entstehen. – Nach meiner Auffassung sollten wir solche Entwicklungen nicht als Abweichung von der richtigen Lehre tadeln – sondern vielmehr als eine Chance der Erneuerung begreifen.

An dieser Stelle möchte ich noch darauf hinweisen, daß der Orientierungsbedarf der Menschen selbst in unserer aufgeklärten Zeit nicht bei der Ethik stehenbleiben wird. Wir müssen in diesem Zusammenhang vielmehr auch die weitergehende Botschaft der Religionen und ihrer Kirchen erwähnen. – Religionen sind zwar wichtige Träger der Ethik. Sie vermitteln darüber hinaus aber auch Trost, Hoffnung und Glauben. Zu allen Zeiten haben die Menschen diese Hilfe gesucht. – Wenn in unserer Zeit viele Menschen gegenüber der religiösen Botschaft gleichgültig geworden sind, kann das als Folge der Aufklärung und Liberalisierung verstanden werden. Wir sollten uns aber zur gleichen Zeit auch daran erinnern, daß zu allen Zeiten die Teilnahme der Menschen am religiösen Leben erheblichen Schwankungen ausgesetzt war. – Für eine unterschiedliche Akzeptanz mögen zeitbedingte Gründe verantwortlich gewesen sein. In unserer Zeit könnte ich mir auch vorstellen, daß die geringe Aufnahme der religiösen Botschaft und Teilnahme am Gottesdienst in Europa daraus resultieren, wie die Kirchen ihre Botschaft vermitteln. – Wir alle kennen die erstaunliche Erscheinung, daß ein guter Prediger in überfüllten Kirchen spricht! – Mir erscheint es deshalb lohnend, neue Formen der Vermittlung zu erproben. Kirchen sollten sich nicht mit ihrer Jahrtausende währenden Beständigkeit trösten, sondern mit dem Zuspruch und der Dankbarkeit der Menschen.

Wenn mir bei einer solchen Argumentation ausgeprägte Persönlichkeiten entgegenhalten, daß die vorstehende Verallgemeinerung sie nicht betreffe, will ich das durchaus akzeptieren. Niemals haben alle Menschen ein gleiches Verhältnis zur Religion und zur Bedeutung des Glaubens gehabt. Und immer haben auch Menschen versucht, im Hinblick auf ihre Orientierung ihren eigenen Weg zu gehen. Solche Menschen mögen das tun – und ich wünsche ihnen, daß sie stets die Kraft zur eigenständigen Lebensgestaltung bewahren. – Für den größeren Teil der Menschheit halte ich aber ein Bildungsziel ohne die Hilfe des religiösen Glaubens für eine Überforderung. – Zur Überprüfung dieser These möge man die Rolle der Religionen in der Kulturgeschichte zu Rate ziehen.

Mir ist es aus der Entwicklung der Führungstechnik deutlich, wie schwer große Organisationen in Wirtschaft, Staat, Militär oder Kirche es haben, wenn sie sich einer Reform unterziehen müssen. In der Kirche spielt in dieser Hinsicht noch das Dogma eine erschwerende Rolle. – Die menschlich und gesellschaftlich bedenkliche Orientierungslosigkeit in unserer Zeit veranlaßt mich aber doch zu der Aufforderung an die Religionen, sich einer kritischen Prüfung zu unterziehen. Wird ihre Botschaft heute noch von den Menschen gesucht und beantwortet sie ihre Fragen? – Ich selbst bin davon überzeugt, daß eine geistige Orientierung, die Glauben und Motivation vermittelt, für die Menschen so unverzichtbar ist wie Bildung und ausreichender Lebensstandard.

Wir beobachten in dieser Zeit globaler Kommunikation heute vermehrt auch die Konfrontation unterschiedlicher Religionen. Mit dieser Tatsache sollten wir uns auseinandersetzen, um trotz der Glaubensunterschiede in Frieden zusammenleben zu können. Dazu wird es hilfreich sein, die Regeln der Toleranz zu erlernen und die Menschenrechte zu beachten. – Es wäre wünschenswert, wenn es auf diesem Wege langfristig gelingen würde, die ethischen Grundlagen der Religionen einander anzunähern und so das heute bestehende Konfliktpotential zu reduzieren.

Dieses Buch bemüht sich, die Kulturen und Ordnungssysteme der Menschen in der Zeit der Globalisierung auf ihre Verwendbarkeit für die Zukunft zu hinterfragen. Die Lösungen der Vergangenheit führen nicht weiter. Wir müssen den Mut haben, neue Ziele zu setzen und Ordnungen zu entwickeln. In bezug auf die geistige Orientierung der Menschen gilt diese Aussage in besonderer Weise! Wir müssen zwar bei der Ausarbeitung von Konsequenzen davon ausgehen, daß sich die Wesensart des Menschen in absehbarer Zeit nicht verändern wird. Verändern kann und muß sich aber die geistige Orientierung, die Bezug nimmt auf die Lebensbedingungen des Menschen zu einer bestimmten Zeit. Diese Fortschreibung gilt es zu bewältigen. Das Mühen darum lohnt sich: Denn bei einer gründlichen und sachgerechten Untersuchung werden wir zu der Erkenntnis kommen, daß der Mensch der Orientierungshilfe ebenso bedarf wie seines täglich Brot.

Die geistige Orientierung soll den Menschen helfen, ihren Platz in der Gesellschaft und gegenüber ihren Mitmenschen zu finden. Jeder von uns ist in irgendeiner Form auf die Hilfe der Gemeinschaft angewiesen. Von der richtigen Gestaltung seiner Beziehung zur Gesellschaft hängt deshalb sein Erfolg, aber auch seine Zufriedenheit in hohem Maße ab. – Der Prozeß der Zielauswahl muß in einer offenen Gesellschaft als ständige Aufgabe verstanden werden. So haben wir zum Beispiel in Deutschland in der ersten Hälfte des Zwanzigsten Jahrhunderts dem Gemeinwohl einen deutlichen Vorrang vor persönlichen Zielsetzungen zugeordnet. Nach dem Zweiten Weltkrieg korrigierten wir diese Auffassung und vertraten die Ansicht, daß der demokratische Staat dem Wohl des Bürgers zu dienen habe. – Ein weiteres Beispiel: Am Anfang unseres Jahrhunderts wurde mit unabweisbarer Begründung von der Wirtschaft mehr Solidarität gefordert. Am Ende unseres Jahrhunderts lernen wir, daß ohne die Durchsetzung des Grundsatzes der Subsidiarität ein Sozialstaat nicht mehr finanzierbar ist.

So verändern sich entsprechend den Gegebenheiten der Zeit und dem Selbstverständnis der Menschen die Prioritäten in der Bewertung möglicher Ziele der Menschen. Dieser Orientierungsprozeß gehört zu einer Demokratie. An der Aufgabe, ihn erfolgreich und menschlich zu gestalten, sind wir alle als Bürger beteiligt. Unser Jahrhundert hat uns deutlich gemacht, wieviel von der richtigen Zielwahl und der ihr zugrunde liegenden Grundsätze für das Schicksal der Menschen abhängt. Wir sollten die uns heute eingeräumte Chance annehmen! – Nicht zuletzt sollte jeder Bürger seine Chance auch für die Ausrichtung seines eigenen Lebensweges nutzen. Rechtzeitig hat jeder darüber nachzudenken, wohin die Lebensreise führen soll. – Lautet die Zielsetzung Reichtum, Ansehen oder Genuß? Oder sucht man die Befriedigung, die in dem Bewußtsein liegt, ein sinnerfülltes Leben geführt und dabei auch anderen Menschen geholfen zu haben? – Entsprechend der Vielfalt menschlicher Veranlagungen kann es unendlich viele Ziele geben, die dann Richtigkeit beanspruchen dürfen, wenn sie zugleich auch auf das Wohl anderer Menschen ausgerichtet sind.

## Gesellschaftsordnung im Wettbewerb

Die Welt ist auf dem Wege, ein einheitlicher Lebensraum zu werden! Neue Kommunikationsmöglichkeiten und vermehrte persönliche Kontakte vermitteln den Menschen zunehmend das Gefühl von Abhängigkeit und globaler Gemeinschaft. In der Wirtschaft mit all ihren gesellschaftlichen Folgen ist das schon jetzt besonders deutlich zu spüren. Die Regierungen haben verstanden, daß nationale Isolierungen sinnlos geworden sind. Internationale Kooperationen und Friedenssicherung heißt das politische Gebot der Stunde.

Noch hindern überlieferte Zielvorstellungen und antiquierte Kooperationsverfahren den Prozeß der Zusammenarbeit. Aber dieser Rückstand ist nur eine Zeitfrage: Kein Land wird sich mehr von der bestehenden internationalen Ordnung in den wichtigsten Lebensbereichen ausschließen können. – Zu diesen Bausteinen einer internationalen Ordnung und Kooperation und dem dazugehörenden Wettbewerb der Systeme nehme ich im folgenden Stellung.

### *Neue Ziele und Wege in der Wirtschaft*

In der öffentlichen Meinung hat sich in unserem Jahrhundert die Auffassung durchgesetzt, daß der wichtigste Erfolgsfaktor in der Wirtschaft das Kapital ist. Es mag Aufgaben geben, wo diese Meinung zutreffend ist. Als allgemeingültige Regelung ist aber eine solche Bewertung falsch!

Auch in früherer Zeit war die Persönlichkeit des Unternehmers – mit anderen Worten die Führungsfähigkeit des Unternehmens – von letztlich entscheidender Bedeutung. – Die Führungsfähigkeit des Kapitals bzw. seiner Vertreter hat nie besonders überzeugt – am wenigsten in unserer Zeit! Richtiger erscheint deshalb das in der letzten Zeit einsetzende Bemühen in der Führungstechnik, insbesondere in den Großbetrieben, durch Delegation der Verantwortung auf untere Ebenen die Bedingungen für unternehmerische Führung wiederherzustellen.

Bei diesen Bemühungen wird sichtbar, daß eine entscheidende Erfolgsprämisse der neuen Führungstechnik die Identifikation der Führungskräfte mit den Zielen und der Arbeitsweise des Unternehmens ist. Nur wer seinen beruflichen Auftrag innerlich bejaht, kann sich mit ihm identifizieren – und eigenständige unternehmerische Initiative entwickeln. – Aufbauend auf dieser Erfahrung müssen die Ordnungen in der Wirtschaft und den Unternehmen neu gestaltet werden. – Bei dieser Reformaufgabe ist es wichtig zu erkennen, daß die heutigen Anforderungen im Arbeitsprozeß völlig andere Einstellungen und Fertigkeiten der Menschen voraussetzen. Größere Lernbereitschaft, Flexibilität und Identifizierung mit der Aufgabenstellung sind in unserer Zeit erforderlich. – Die notwendige Innovationsfähigkeit und das Aufbringen der dazugehörigen Kreativität können auch nicht mehr allein von den Vorgesetzten bewältigt werden. So viele Mitarbeiter wie möglich sollten aufgefordert werden, Verantwortung zu übernehmen und in Eigenständigkeit und einem gewissen Freiraum neue Gedanken zu entwickeln und somit die Leistungs- und Wettbewerbsfähigkeit des Unternehmens zu sichern.

Diese Aussage gilt nicht nur für die Arbeitsweise eines einzelnen Unternehmens, sie gilt insbesondere auch für die Strukturen, das Zielverständnis und die Regeln in unserer Wirtschaftsordnung. Erfolgreiche Ordnungen der Vergangenheit gewähren keineswegs mehr eine gesicherte Zukunft. – Als Beispiel verweise ich auf die Entwicklung großer organisatorischer Einheiten in der Wirtschaft. Früher glaubten wir, Größe mit Leistungsfähigkeit gleichsetzen zu können. Die heutigen Anforderungen an Innovationsfähigkeit und Flexibilität haben die früheren Vorteile eher in das Gegenteil verkehrt. Am deutlichsten ist dies am Beispiel der Länder zu erkennen, die ihre gesamte Wirtschaft verstaatlicht haben. Dort hat die Größe nicht den erhofften Vorteil, sondern vielmehr Stagnation und Versagen gebracht.

Aus diesen Überlegungen wird deutlich, daß wir angesichts völlig veränderter Prämissen die gültigen Regeln durch die Vorgabe neuer Ziele und Verhaltensweisen fortschreiben müssen. – Bei dieser Entwicklung zeichnet sich ab, daß der einsetzende Wandlungsprozeß nicht von den herrschenden Hierarchien gestaltet werden kann. Diese eher auf Bestandserhaltung und Ordnungsmäßigkeit ausgerichteten Organisationen haben noch nicht verstanden, daß eine völlig andere Aufgabenstellung mit Menschen bewältigt werden muß, die ein ganz neues Selbstverständnis entwickelt haben.

### *Die Führungstechnik der Delegation der Verantwortung*

Erfolgsentscheidend im Wettbewerb der Volkswirtschaften sowie der gesellschaftlichen Ordnungssysteme wird das verfügbare Potential an Kreativität sein. – Bisher war es vorwiegend das Verdienst weniger unternehmerischer Menschen, in Wissenschaft und Wirtschaft neue Lösungen zu entwickeln. Diese Möglichkeit müssen wir auch in der Zukunft nutzen. Das quantitative kreative Potential muß aber zur Bewältigung der zunehmenden Entwicklungsgeschwindigkeit vervielfacht werden. – Dabei ist es unerläßlich, nicht nur Basiswissen und Spitzentechnologie zu fördern – genauso wichtig ist es, daß das berufliche Fachwissen auf allen Tätigkeitsbereichen ständig überprüft und fortgeschrieben wird. Die riesenhafte und schwierige Aufgabe, vor die heute Wirtschaft und Gesellschaft gestellt sind, werden wir nur bewältigen, wenn die für ihre Aufgaben direkt zuständigen Mitarbeiter es als ihre Aufgabe ansehen, auch über Verbesserungen nachzudenken. Nicht das Einhalten von Vorschriften ist das entscheidende Ziel – sondern die optimale Gestaltung des Arbeitsprozesses.

Solche Entscheidungen über Veränderungen des Arbeitsprozesses müssen auf unterer Ebene unkompliziert und schnell getroffen werden können. Der Mut, Freiraum zu gewähren zum Versuch, sollte als effizienteste Neuerungsmethode begriffen werden. – Es ist damit zu rechnen, daß in einer hierarchisch verfaßten Organisation die erwünschte Wirkung schwieriger zu erzielen sein wird als in einem Wirtschaftsunternehmen, das sich daran gewöhnt hat, den Rat seiner Mitarbeiter anzuhören und ihnen Verantwortung zu übertragen. Doch auch Innovationsfähigkeit ist erlernbar. – In Deutschland haben wir erlebt, daß die Gesetze zur Mitbestimmung und zum betrieblichen Vorschlagswesen zu einer kreativen Aktivierung der Basis und des Mittelfeldes geführt haben – mit beachtlichen Beiträgen für die Methodenentwicklung. – Ich halte es deshalb für unverzichtbar, daß die Verantwortung für Leistung, Qualität und Methodenentwicklung möglichst weit auf untere Ebenen delegiert wird. Aus meiner Erfahrung sage ich voraus, daß dieses Führungskonzept Leistungsfähigkeit und Kontinuität besser gewährleisten wird als der Versuch, striktere Disziplin zu erzwingen.

Aus führungstechnischer Sicht muß in diesem Zusammenhang noch angemerkt werden, daß das Planungs- und Berichtswesen eines Unternehmens die Prozesse in kleinen Einheiten mit eigener Verantwortung darstellen kann und muß. – Die Delegation der Verantwortung kann ein großes Kreativitätspotential freisetzen! Im Interesse der Steuerungsfähigkeit des Gesamtunternehmens müssen solche Entwicklungen aber beobachtbar und meßbar bleiben.

### *Identifikation mit der beruflichen Arbeit*

Im Sinne des Menschenbildes der Demokratie erziehen wir unsere Jugend zu Eigenständigkeit und Verantwortungsbereitschaft. – Beim Eintritt in das Berufsleben entsprechen allerdings häufig die Realitäten nicht den erlernten Erwartungen. Vom Umgangston bis zur Art der Aufgabengestaltung muß der Jugendliche häufig den Eindruck gewinnen, fremdgesteuert zu werden. Es gibt für alles Regeln und Vorschriften! Eigene Überlegungen sind nicht gefragt. – Wen nimmt es Wunder, daß sich unter solchen Umständen das erwünschte Mitdenken und die Freude an der beruflichen Arbeit nicht einstellen wollen.

Zum Glück ist allerdings dieses Szenario im Wandel begriffen. – Die Wirtschaft erlernt zunehmend, den Stellenwert von Motivation und Identifikation ihrer Mitarbeiter richtig einzuschätzen. Viele Unternehmer waren bereits aufgrund ihrer kooperativen Führung erfolgreich. Aber andererseits mußten viele Unternehmer auch erfahren, daß Leistung oder Qualität nicht mehr allein durch Anordnungen und Kontrollen erreicht werden können. – In unserer Zeit sind ein gutes Betriebsklima und eine positive Einstellung der Mitarbeiter zu einer unverzichtbaren Erfolgsprämisse geworden.

Wenn ein Unternehmen diesen Zusammenhang verstanden hat, muß es die Bedingungen herstellen, unter denen die Mitarbeiter bereit sind, sich mit den betrieblichen Zielen zu identifizieren. – Diese gedanklichen Bausteine stelle ich im folgenden dar.

## Bausteine der Motivation

Wenn jemand auf eigene Rechnung tätig ist, wird er interessiert sein, das Beste aus seinen Möglichkeiten zu machen. Der Erfolg seiner Arbeit ist schließlich sein eigener Vorteil. – Aus vielerlei Gründen kann diese Arbeitsweise aber in unserer arbeitsteiligen Wirtschaft nur im begrenzten Umfang zur Anwendung kommen. – Sehr wohl kann man jedoch die Frage stellen, ob die gleiche Einstellung zur Arbeit – wie bei den Selbständigen – nicht auch bei den Mitarbeitern in einem großen Unternehmen zu erzielen ist. Sollte das nämlich möglich sein, würden sich auch die Folgen für die Arbeitsweise ähnlich verhalten. – Untersuchen wir deshalb, welche Wünsche ein Mitarbeiter an seinen Arbeitsplatz stellen würde – wenn er dazu die Möglichkeit hätte.

### *Ein gerechtes Einkommen*

Daß alle Menschen besser leben möchten, ist verständlich. Diesen Menschen ist aber auch deutlich, daß man persönlich und volkswirtschaftlich betrachtet nicht mehr ausgeben kann, als mit der Arbeit verdient wird. – Da sich für die Errechnung möglicher und gerechter Löhne sehr schwer eindeutige Maßstäbe festlegen lassen, kommt es in unserem Land immer wieder zu Verteilungskämpfen, – die eher nach Gesichtspunkten der Macht als der Sachgerechtigkeit entschieden werden. – Diese Auseinandersetzungen schlagen Wunden und beeinträchtigen die Motivation der Mitarbeiter ebenso wie die der Arbeitgeber. – Können wir uns das noch leisten?

Ein erprobter und sachgerechter Ausweg aus den Verteilungskämpfen bietet sich mit dem folgenden Verfahren an:

- Die Tarifpartner einigen sich, gegebenenfalls mit Hilfe eines Schiedsgerichts, über Lohnanpassungen. – Die Beispiele der Niederlande und der Schweiz zeigen, daß bei einer Versachlichung der Auseinandersetzung Einigungen auch ohne Streik erzielbar sind.
- Eine betriebliche oder tarifliche Lohnordnung gewährleistet die Gerechtigkeit in der Bewertung der Arbeitsplätze.
- Das Unternehmen beteiligt zusätzlich seine Mitarbeiter auf betrieblicher Ebene mit einem vereinbarten Anteil am erzielten Gewinn.

Mit Hilfe dieser Einkommensregelungen kann nach meiner Erfahrung das Verteilungsproblem befriedigend gelöst werden. – Die Beteiligten haben die Gewißheit, daß größtmöglicher Gerechtigkeit entsprochen wird – und noch wichtiger: Eine Beeinträchtigung der Motivation der Beteiligten tritt nicht mehr ein. – Einen weiteren Vorteil, in dieser Art Verteilungsprobleme zu lösen, sehe ich in der sich so ergebenden größeren gesellschaftlichen Gerechtigkeit und der Vermeidung streikbedingter Schäden. – Wenn sich darüber hinaus als Nebenergebnis des

Vorgehens die Glaubwürdigkeit der Tarifparteien in der Öffentlichkeit verbessern würde, wäre das aus gesellschaftlichen Gründen sehr begrüßenswert. – Da konservative Denkrichtungen Recht und Anspruch der Gewinnbeteiligung für Mitarbeiter grundsätzlich ablehnen, rate ich den Vertretern dieser Denkschule, darüber nachzudenken, ob sich nicht inzwischen die ursprünglichen Leistungsbeiträge von Kapital und Arbeit erheblich verschoben haben. Nach meiner Erfahrung wären Aktionäre gut beraten, wenn sie sich, gerade unter den heutigen Wettbewerbsbedingungen, über die Motivation ihrer Führungskräfte und Mitarbeiter erneut Gedanken machen würden – und zwar in ihrem eigenen Interesse.

## *Verstehen und Verständigen*

Wenn man Menschen zur Eigenständigkeit erzieht, muß man davon ausgehen, daß sie sich zu den sie betreffenden Fragen Gedanken machen. Dieser Prozeß kann sowohl gute als auch schlechte Folgen haben – je nachdem, wie er gesteuert wird.

Daß die Mitarbeiter an der Entwicklung ihres Unternehmens und an der Sicherheit ihres Arbeitsplatzes interessiert sind, ist verständlich. Werden ihre diesbezüglichen Fragen nicht beantwortet, stellt sich bei ihnen Unsicherheit ein, die zu Ängsten oder auch unerfüllbaren Forderungen führen kann. Das Vertrauen in die Firma kann auf diese Art in gleicher Weise beeinträchtigt werden wie die so wichtige Motivation der Mitarbeiter. – Nach meiner Auffassung haben die Mitarbeiter das Recht zu erfahren, wie es um ihr Unternehmen steht. – Viele Mittel der Verständigung können für diese Information genutzt werden. Das persönliche Auftreten des Unternehmers oder eines Vorgesetzten ist zur Herstellung der Vertrauensbasis besonders geeignet.

Zum Verstehen gehört aber nicht nur die Information – sondern auch der Dialog! Erst im Gespräch stellt sich heraus, ob eine Information wirklich verstanden wurde. Mißverständnisse müssen geklärt und abweichende Meinungen angehört werden. – In der Praxis der Mitbestimmungsgesetzgebung ist dieser Dialogprozeß erstaunlich erfolgreich entwickelt worden. Fast in allen Fällen läßt sich Verständigung erzielen. – Das Wissen der Mitarbeiter um Fakten und die Absichten des Unternehmens haben in den meisten Fällen zur Festigung des Vertrauens, zur Kooperationsbereitschaft und zu sachgerechten Lösungen geführt. Mir scheint erwiesen, daß der vorgeschriebene Dialog geeignet ist, Vertrauen und Motivation zu verstärken. – Diese Ergebnisse sollte man im Interesse der Leistungsfähigkeit des Unternehmens nicht gering achten. – Auch die Erkenntnis, daß selbst kontrovers diskutierte Beschlüsse reibungsloser, sachgerechter und schneller umgesetzt werden konnten, ist eine wichtige Erfahrung.

Eine Besonderheit im innerbetrieblichen Dialog möchte ich in diesem Zusammenhang noch erwähnen: Ich meine die schriftliche »Mitarbeiterbefragung«. – Mit Hilfe dieser Form des Meinungsaustausches können im Interesse der Mitarbeiter und ihres Unternehmens Sachverhalte geklärt werden, die auf das Betriebsklima von entscheidendem Einfluß sind! – Unternehmen, die einen solchen

Versuch noch nicht gemacht haben, werden bei der ersten Befragung interessante Erkenntnisse gewinnen.

Befragungen der Mitarbeiter müssen in vertrauensvoller Kooperation zwischen der Firmenleitung und dem Betriebsrat vorbereitet und durchgeführt werden. Das Unternehmen erhält auf diese Weise Informationen, die für die Führung und Leistungsbereitschaft der Mitarbeiter unverzichtbar sind. – Die Nachbearbeitung von Mängeln, die durch eine solche Befragung aufgeklärt wurden, ist ebenso wichtig wie eine spätere Wiederholungsbefragung zur Erfolgskontrolle. – Ich selbst bin davon überzeugt, daß kaum ein anderes Instrument im innerbetrieblichen Dialog so wirksam ist wie die Mitarbeiterbefragung. – Hier bietet sich eine sehr wirksame Möglichkeit an, Verständigung und Kooperation im Unternehmen mit relativ geringem Aufwand zu verbessern.

### *Chancen und Selbstverwirklichung im Beruf*

Mit Recht wird in unserer Zeit über die Ausgestaltung des Bildungswesens und der Fortbildung diskutiert. Die beruflichen Anforderungen verlangen immer mehr Wissen – und das heute erworbene Wissen muß schon in wenigen Jahren wieder erneuert werden. Wer im Arbeitsmarkt nicht entsprechende berufliche Voraussetzungen vorweisen kann, wird es immer schwerer haben, einen Arbeitsplatz zu finden. – Die notwendigen Bildungsanstrengungen müssen vom Staat und seinen Bildungsinstitutionen ebenso wie von der Wirtschaft und dem selbstverantwortlichen einzelnen vollbracht werden. – Mehr

Dezentralisierung und Freiheit in der Ausgestaltung des Bildungswesens müssen uns wieder die Möglichkeit geben, den eingetretenen Bildungsrückstand auszugleichen!

In der Welt der Arbeit sollte die berufliche Fortbildung in Abstimmung mit den Bildungsinstitutionen und sehr praxisnah erfolgen. – Dieser bildungspolitische Ansatz muß durch führungstechnische Entscheidungen auf der betrieblichen Ebene ergänzt werden. – Für viele Betriebe gilt schon heute, daß es lohnend ist, betrieblich benötigte Fachkräfte selbst auszubilden und beruflich zu fördern. Arbeitgeber und Mitarbeiter müssen erfassen, daß ihre zukünftige Leistungsfähigkeit von ihrer nachhaltigen Ausbildungsbereitschaft abhängt.

Neben dem Fachwissen wird in der Zukunft vermehrt die Fähigkeit gefragt sein, Verantwortung zu übernehmen und einen Führungsbeitrag zu leisten. In einer Zeit des Zwanges zur Dezentralisierung werden solche Steuerungs- und Entscheidungsfähigkeiten von immer größerer Bedeutung sein. – Für die Zukunft erscheint es als sehr wahrscheinlich, daß wir in der Wirtschaft immer mehr Menschen benötigen, die bereit sind, neue Wege zu gehen und gestalterische Verantwortung zu übernehmen. – Manches kann in dieser Hinsicht das Bildungswesen bewirken. Wichtiger erscheint mir aber in Voraussicht zukünftiger Anforderungen die engagierte Initiative der Wirtschaft und der einzelnen Menschen. – Es wird auch in Zukunft Chancen und Erfolgsmöglichkeiten geben – vielleicht in noch größerem Maße als in der Vergangenheit. Entscheidend für die Realisierung des persönlichen Erfolges wird aber dabei die Antriebskraft des einzelnen bleiben. – Der Staat und die Wirtschaft können Grundlagen für den beruflichen Aufstieg schaffen. Den Weg zum Erfolg muß jeder aber in erster Linie selbst verantworten. Die Chance dazu ist heute in größerem Umfang gegeben als je zuvor!

In bezug auf den anzustrebenden beruflichen Erfolg sollten wir nicht nur an die Einkommensmöglichkeiten denken, sondern auch berücksichtigen, daß die Berufsarbeit einen großen Teil unserer Lebenszeit in Anspruch nimmt. Niemandem sollte es gleichgültig sein, ob er die berufliche Arbeit nur erträgt oder aber als positiven Teil seines Lebens empfindet und mit Befriedigung gestaltet. Arbeit kann Fluch oder Segen sein. – Wenn wir uns für eine Berufsarbeit entscheiden, die unseren Gaben entspricht und zugleich für die Gemeinschaft einen hilfreichen Beitrag darstellt, spricht vieles dafür, daß wir später einmal mit Genugtuung auf diesen wichtigen Teil unseres Lebens zurückblicken werden. Wir haben dann unsere Chancen und Möglichkeiten in unserer Weise genutzt und dabei ein Stück Selbstverwirklichung erfahren dürfen. – Eine solche Lebensbilanz wird uns den Sinn unseres Bemühens bestätigen und Zufriedenheit auslösen.

### *Führung in partnerschaftlich verfaßten Unternehmen*

Führung ist für alle Aufgabenstellungen der wichtigste Erfolgsfaktor. – Zu dieser These ein kurzer Rückblick in die Wirtschaftsgeschichte. – Der Führungserfolg des Unternehmers zu Beginn des Zwanzigsten Jahrhunderts ergab sich aus seiner besonderen Befähigung, die wirtschaftlichen Aufgabenstellungen der Zeit zu bewältigen. Rechtlich beruhte sein Führungsanspruch auf dem selbsterworbenen Kapitalbesitz. Seine Arbeitsbedingungen waren gekennzeichnet durch die neuen Möglichkeiten der Technik, offene Märkte und geringe gesellschaftliche Einwirkungen. Sein Führungsstil kann als hierarchisch und zentralistisch charakterisiert werden.

Von solchen Voraussetzungen für die Führungsaufgabe haben wir uns weit entfernt! Zwar wird die schöpferische Kreativität begabter Menschen ihre Bedeutung immer behalten, aber die Anforderungen an die Führungsaufgabe haben sich völlig gewandelt – und werden es auch weiterhin tun. – Der Schwierigkeitsgrad der Führungsaufgabe in der Wirtschaft hat unglaublich zugenommen, so daß der ursprüngliche zentralistische Führungsstil des Unternehmers heute nicht mehr anwendbar ist. Die Vielfalt der erforderlichen Kenntnisse überfordert einen einzelnen Menschen. Dezentralisierung, Spezialisierung und Koordination charakterisieren heute die Führungsfunktionen, die von einer Gruppe wahrgenommen werden. Deren Mitglieder sind nicht mehr durch den Kapitalbesitz für ihre Aufgabe legitimiert, sondern durch ihr berufliches Können. Für die Führungstechnik in der Wirtschaft ist damit eine wesentlich geänderte Voraussetzung geschaffen. – Wir sollten versuchen, durch Beteiligungsregelungen für die Führungskräfte die ursprüngliche Interessenlage wenigstens teilweise wiederherzustellen.

Die grundlegenden Veränderungen im Bereich der Wirtschaft rechtfertigen insgesamt die Frage, ob die überlieferten Zielvorstellungen und Führungstechniken noch den heutigen Anforderungen entsprechen. Eine neue Zieldefinition für das Unternehmen müßte meines Erachtens lauten:

- Der übergeordnete Auftrag eines Unternehmens ist der Leistungsbeitrag für die Gesellschaft.
- Im Rahmen dieses Zielverständnisses können die unterschiedlichen Gruppenziele von Kapital, Führung und Mitarbeitern verfolgt werden.

Eine solche Neuorientierung verlangt die Ausarbeitung geeigneter betrieblicher und gesetzlicher Regelungen. Innerhalb des Unternehmens hat sich bei der Koordinierung der verschiedenen Interessen der Grundsatz der vertrauensvollen Kooperation als geeigneter führungstechnischer Weg erwiesen.

Im Verlauf des Veränderungsprozesses haben sich nicht nur die Voraussetzungen für die Unternehmenstätigkeit geändert, sondern vor allen Dingen auch das Selbstverständnis der beteiligten Menschen. – Menschen wollen heute die Chance haben, ihr Leben zu gestalten. Diese Erwartung haben die Vertreter des Kapitals ebenso wie die Mitglieder der Führung und die Mitarbeiter. Menschen wollen nicht mehr ein beliebig disponierbarer Produktionsfaktor sein. Sie sind bereit, sich zu engagieren und Verantwortung zu übernehmen. Dabei erwarten sie in unserer Zeit vor allem Gerechtigkeit! – Dies gilt sowohl für berufliche Aufstiegschancen als auch in bezug auf die finanzielle Verteilungsgerechtigkeit. Im betrieblichen Geschehen möchten sie als Partner des gemeinsamen Bemühens angesprochen und verstanden werden. Von jedem Vorgesetzten verlangt diese Erwartung das Bemühen um Gerechtigkeit und einen kooperativen Führungsstil. – Die Vertreter des Kapitals sollten im Rahmen ihres Mitwirkens und bei der Wahrnehmung ihrer Interessen daran denken, daß ihre Besitzrechte nicht mehr identisch sind mit Führungsbefähigung. Der Kapitalvertretung obliegt es heute, einen wichtigen Beitrag zur Koordination und Motivation aller Beteiligten zu leisten.

### *Die betriebliche Solidargemeinschaft*

Der Staat hat mit Hilfe der gesetzlich vorgeschriebenen Versicherungen gegen Risiken der Erkrankung und Arbeitslosigkeit sowie der Altersversorgung eine gute Grundlage für die Bewältigung der üblichen Lebensrisiken geschaffen. – Es mag allerdings sein, daß die Politik mehr versprochen hat, als der Staat halten kann! – Für einen solchen Fall und für viele andere nicht voraussehbare Notlagen des einzelnen hat sich das Vorhandensein einer betrieblichen Solidargemeinschaft bewährt. Beispielhaft erwähne ich Fonds für außergewöhnliche Notfälle der Mitarbeiter, die paritätisch verwaltet und hilfreich und verantwortungsbewußt eingesetzt werden. – Angesichts der sichtbar werdenden Schwierigkeit bei der Einhaltung der zugesagten Altersrenten, können – wie in Deutschland immer praktiziert – zusätzliche Pensionszusagen hilfreich sein.

Betriebskrankenkassen sind häufig flexibler und leistungsfähiger als die gesetzlichen Kassen. Bemerkenswert ist dabei die Erfahrung, daß betriebliche Sozialeinrichtungen, für die eine gemeinsame Verantwortung besteht, sparsamer wirtschaften als Versorgungseinrichtungen, auf die jedermann Anspruch erhebt. – Ein gutes Beispiel dafür bilden die großen Unterschiede im Krankenstand und bei den gesundheitsbedingten Fehlzeiten. Motivierte Mitarbeiter in partnerschaftlich verfaßten Unternehmen belasten die gemeinsame Kasse wesentlich geringer. Gelegentlich reduzieren sich die Kosten bis auf die Hälfte des Üblichen.

Für die betriebliche Solidargemeinschaft kann man zahlreiche sinnvolle Beispiele bilden. Viel Gutes kann auf diesem Wege an materieller und menschlicher Hilfe geleistet werden. Ich verweise in diesem Zusammenhang auch auf solidarische Initiativen der Mitarbeiter, sich in Notlagen zu helfen. – Vielleicht ist aber das wichtigste Ergebnis betrieblicher Solidarität das Gefühl größerer Geborgenheit in der Betriebsgemeinschaft. Diese Empfindung ist nämlich von großem Einfluß auf die Wertschätzung des eigenen Arbeitsplatzes und des Betriebsklimas insgesamt. Und nur mit motivierten Mitarbeitern können in unserer Zeit die außergewöhnlichen Anforderungen bewältigt werden. – Aus dieser Sicht sollte nach meiner Auffassung die betriebliche Solidargemeinschaft nicht als eine zusätzliche Belastung, sondern vielmehr als Möglichkeit zur Steigerung der Wettbewerbsfähigkeit des Unternehmens bewertet werden.

Die vorstehend besprochenen Bausteine einer neuen Unternehmenskultur sollen im Rahmen eines neuen Zielverständnisses die Voraussetzung dafür schaffen, daß wir die Kreativität und Leistungsbereitschaft unserer Führungskräfte und Mitarbeiter sehr viel besser nutzen. Wir schaffen zugleich damit die führungstechnischen Prämissen, mehr Verantwortung zu delegieren. Dieses Vorgehen ist der erfolgversprechendste Weg, das vorhandene, noch ungenutzte Innovationspotential zu erschließen.

Die Berufsarbeit wird auf diese Weise nicht nur effizienter werden, sondern zugleich auch menschlich befriedigender. Dem Streben der jungen Generation nach einer beruflichen Chance, nach Bewährungsmöglichkeit und Verantwortungsübernahme kann so in effizienter und zugleich menschlicher Form entsprochen werden. – Daß sich aus dieser Entwicklung neue Möglichkeiten für die Gesellschaftspolitik erschließen, darf als Prognose erwähnt werden.

## Ziele und Arbeitsweise im Staat

Aus den Erfahrungen seiner Vergangenheit ist es der Staat gewöhnt, bewährte Verhaltensmuster im öffentlichen Bereich in Vorschriften zu fassen und ihre ordnungsmäßige Durchführung als oberstes Ziel zu erklären. Angesichts des großen Gestaltungsbedarfs in der Gesellschaft der Vergangenheit und unter relativ statischen Lebensbedingungen war dieses Vorgehen sachgerecht. – So wurden zum Beispiel in den Bereichen Gesundheitswesen und Bildungswesen auf diese Weise wertvolle Grundlagen geschaffen.

In unserer Zeit ist aber die Prämisse statischer Verhältnisse ganz und gar nicht mehr gegeben. Statt Ordnungsmäßigkeit müssen wir heute von den Dienstleistungen des Staates Konkurrenzfähigkeit und Effizienz erwarten. – Solche Ziele lassen sich aber unter den Bedingungen der bürokratischen Führungstechnik unseres Staates kaum verwirklichen. Der Staat steht deshalb vor der Aufgabe, seine Führungstechnik so umzugestalten, daß Innovationsfähigkeit und Leistung gefördert werden und mindestens ein Gleichstand mit dem internationalen Leistungsniveau erreicht wird.

Angesichts dieser fundamentalen Reorganisationsaufgabe verweise ich auf die Möglichkeit, das Prinzip der leistungsorientierten Führung auch im Staat zu verwenden. – Längst ist bewiesen, daß man mit Hilfe von Leistungskriterien ebenfalls steuern und evaluieren kann. In bezug auf die Reform und Leistungsfähigkeit des Staates würden sich dann völlig neue Perspektiven ergeben. Wir müssen den Führungsverantwortlichen im Staat neue und richtigere Ziele aufzeigen und ihnen die zugehörige Führungstechnik vermitteln. Dann ist es möglich, als innovatives Element auch im Staat Wettbewerb über Leistungsvergleiche und öffentliche Rechenschaftslegung auszulösen. – Wie schon für den Bereich der Wirtschaft ausgeführt, erfordert das allerdings in bezug auf die Menschenführung eine ebenso gravierende Umstellung, wie ich das für die Wirtschaft bereits beschrieben habe. – Anfänglich hat die Politik als Dienstherr der Verwaltung diese neue Führungskonzeption eher problematisiert. Das aber liegt längst hinter uns. – Aus erwiesenen Gründen der Leistungsfähigkeit, aber auch menschlicherer Arbeitsbedingungen wird nunmehr der Führungsgrundsatz der Leistungsorientierung auch im Staat zur Wirkung gebracht. – Ein von der Bertelsmann Stiftung derzeit für den Bereich der Wirtschaft vorbereiteter Betriebsvergleich wird für Wissenschaft und Praxis führungstechnische Erkenntnisse von großer Tragweite zur Verfügung stellen. Er wird bestätigen, daß die wichtigste

Erfolgskomponente in unserer Zeit ein sachgerechtes Führungssystem ist, und er wird auch erweisen, daß durch ein neues Zielverständnis und ein deutlich anderes Führungsverhalten die benötigten Reformimpulse auszulösen sind. – Zugleich wird sich die für viele Menschen überraschende Tatsache bestätigen, daß Menschlichkeit in unserer Zeit eine unverzichtbare Prämisse des Erfolges geworden ist.

Der von mir durch den Betriebsvergleich angestrebte Beweis der Überlegenheit des Systems kooperativer Führung wird die Entscheider in Staat und Wirtschaft mit seinen Ergebnissen beeindrucken! Von der Erkenntnis der Vorteilhaftigkeit dieser neuen Führungskonzeption bis zu ihrer Anwendung in der Praxis ist es aber ein langer Weg. – Menschen lieben ihre Gewohnheiten, Überzeugungen und Besitzstände. Sie berufen sich gern auf Erfolge, die sie in der Vergangenheit mit ihren Methoden erreichen konnten. Mit dieser Haltung und entsprechenden Widerständen muß jede Reform rechnen. Das gilt auch für eine neue Unternehmenskultur!

## Auf dem Weg zu einer gemeinsamen Weltordnung

Unser Weltbild ist noch überwiegend geprägt von den Lebensbedingungen der Menschen in der Vergangenheit. Unsere Kulturen spiegeln noch die Ziele und Erfahrungen früherer Generationen. Zwar hat der Prozeß der Überprüfung der Ordnungen eingesetzt – er hat aber bisher eher zur Infragestellung bestehender Regelungen als zur Entwicklung neuer Ziele und Formen der Kooperation geführt.

Diese Bewertung möchte ich nicht als Versagen bewerten. Die Kulturgeschichte hat immer wieder den hohen Zeitbedarf für die Entwicklung neuer Lebensformen bestätigt. Ein Jahrhundert ist in der Geschichte eine geringe Zeitspanne. – Die meisten Ordnungen unserer Welt basieren noch auf hierarchisch geprägten Bedingungen der Vergangenheit. Insbesondere gilt das für die Verfassungen der Nationalstaaten, ihr Zielverständnis und die Ausprägung kultureller Gewohnheiten. – In allen Kulturen haben sich im Verlauf der Zeit die Menschen auf Verhaltensweisen geeinigt, die ihnen sachgerecht erschienen. Diese Ordnungen haben die Menschen schätzen gelernt und waren bemüht, sie zu erhalten. – Daß sich aber die Prämissen dieser nationalen Kulturen in unserer Zeit weitgehend verändert haben und vielfach gar nicht mehr bestehen, wird von der Öffentlichkeit noch kaum wahrgenommen. – Um so schwieriger wird es sein, für einen sich abzeichnenden Reformbedarf Verständnis zu vermitteln. Insbesondere dann, wenn es sich dabei nicht nur um eine Fortschreibung nationaler Auffassungen handelt, sondern wenn auf globaler Ebene neue Tatbestände Regelungen für das Verhalten der Menschheit verlangen.

Die sich heute abzeichnenden Lebensbedingungen betreffen alle gesellschaftlichen Bereiche, insbesondere die Sicherheit, die Wirtschaft, die Verwaltung und die politische Führung. – Bei einer Neuordnung ist zu berücksichtigen, daß überlieferte Regelungen in Frage gestellt werden müssen, um Verständnis für neue Regelungen zu schaffen. Die Entwicklungen in unserer Welt verlangen im Interesse der Sicherheit und Wettbewerbsfähigkeit der

Menschen neue Allianzen und Kooperationsformen. Dieser Prozeß des internationalen Umdenkens ist für die Menschen eine riesige Herausforderung – und sie wird in der Durchführung mit extremen Auseinandersetzungen verbunden sein. Überkommene Macht, Besitzstände und Überzeugungen verlieren ihre Gültigkeit. Zwar wird von den Menschen langsam nachvollzogen, daß uns unabweisbare Zwänge zum Handeln zwingen. Aber noch empfinden die Menschen die Zeit des Übergangs als Chaos, Werteverlust und Verunsicherung: Die Hoffnung, auf dem Wege zu einer besseren Welt zu sein, ist kaum verbreitet. Eher befürchten die Menschen noch einmal die Bestätigung der Maxime »Der Krieg ist der Vater aller Dinge«. – Ihre Angst vor dieser Alternative hat berechtigte Gründe.

Nach meiner Auffassung wird aber eine zu negative Bewertung der globalen Entwicklung der Situation nicht gerecht. – Früher wurden neue Ordnungen durch die Mächtigen gesetzt. Diese versuchten, den normalerweise zeitaufwendigen kulturellen Entwicklungsprozeß durch hierarchische Anweisungen, Rechtsordnungen und religiöse Dogmen zu verkürzen. Solche Einwirkungen hatten zwar großen Einfluß auf die Menschen, aber sie gewannen nur selten einen Bezug zu ihrem Selbstverständnis. Seit historischer Zeit und bis zum heutigen Tage ist deshalb die Reaktion ähnlich geblieben: Kulturen gingen unter. – Dieser Prozeß hat der Menschheit unglaubliche Opfer auferlegt. Immer wieder wurden Bemühungen um den humanen Fortschritt unterbrochen. Als größtes Hindernis kultureller Stabilisierung hat sich dabei mangelnde Kompetenz der Führung erwiesen – sei es in bezug auf die

Ausübung der Macht oder aber aufgrund ihrer Geringschätzung der Interessen der Menschen.

Hierarchische Systeme haben die Prämisse kultureller Stabilität nie dauerhaft umgesetzt – weder in bezug auf die Führung noch in der geistigen Orientierung. – Dieses Scheitern darf nicht als Zufall angesehen werden. – Ordnungen müssen den Anforderungen der Zeit und dem Selbstverständnis der Menschen entsprechen. In der Geschichte haben sich hierarchische Ordnungen dazu als unfähig erwiesen.

Ein solches Scheitern beruht wohl in erster Linie auf originärer menschlicher Wesensart. Menschen brauchen und suchen eine Ordnung, die sie schützt und ihnen Entfaltungsmöglichkeiten gibt. Die Machtinhaber nahmen auf diese Bestrebungen ihrer Untertanen wenig Rücksicht und richteten sie überwiegend auf die Stabilisierung ihrer Macht und das heißt des »Status quo« aus. Damit wurden gesellschaftliche Innovationsprozesse stets stark behindert. – Wahrscheinlich sind wohl nur wenige Menschen in herrschender Position in der Lage, anstelle ihrer eigenen Interessen der gesellschaftlichen Relevanz ihrer Tätigkeit den Vorzug zu geben. In den wenigen Fällen, in denen das doch geschah, konnten in der Tat Ordnungen längere Zeit Bestand haben. Daß aber eine gemeinschaftsorientierte Einstellung über Generationen von Machtinhabern getragen wurde, ist in der Geschichte eher selten. Der originären menschlichen Veranlagung stand kein wirksames Hindernis gegenüber.

Angesichts dieser Bestandsaufnahme ist nun eine Antwort auf die Frage zu finden, wie in Zukunft die Kulturen der Welt lernen und bestehen können – und dabei zugleich Frieden wahren. – Mir scheint, daß die Antwort auf diese Frage zwar bekannt ist, daß aber die Konsequenzen noch nicht akzeptiert werden. – Die Grundlage für den Erfolg einer globalen Ordnung ist ihre Funktionstüchtigkeit! Will man diese gewährleisten, muß die Ordnung so verfaßt sein, daß die Menschen sich mit ihr identifizieren. Die Einstellung der Menschen muß sich dann auch gegenüber den Vertretern nationalstaatlicher Macht durchsetzen können. – In totalitären Systemen wird das schwierig sein. In einer lebendigen Demokratie ist das aber möglich. Der Zwang zur Fortschreibung von Ordnungen sollte mit einer gewissen Automatik wirksam werden. Geeignete Anstöße kann in dieser Hinsicht der Leistungswettbewerb in Politik und Staat geben.

In der Marktwirtschaft werden die Kräfte des Wettbewerbs die notwendige globale Evolution bewirken. In der Politik und im staatlichen Bereich muß diese Automatik noch entwickelt werden. – Die Politik muß dazu begreifen, daß nicht alle ihre Entscheidungen noch richtig sind, weil sie durch die nationale demokratische Ordnung legitimiert werden. Heute muß auch im politischen und im gesellschaftlichen Bereich leistungsorientiert geführt werden. – Die Ergebnisse in Staat und Politik müssen den Bürgern vermittelt werden. Mit Hilfe der dann einsetzenden Reaktion kann ein »demokratischer« Wettbewerbsdruck ausgelöst werden. Dieser Druck wird nicht weniger stark sein als der Wettbewerb in der Wirtschaft.

Für die Personalarbeit in der Politik gelten ähnliche Überlegungen. Aus Erfahrung wissen wir, daß oft nur die richtige Personalentscheidung den Ausschlag für den Erfolg in einer Aufgabenstellung gegeben hat. Zur Zeit besitzt die Öffentlichkeit keine ausreichenden Kriterien, um in Personalfragen sachgerecht zu reagieren. – Den Leistungswettbewerb sollte die Demokratie in unserer Zeit auch dazu nutzen, um die Bürger sachverständiger zu machen. Denn die Hoffnung, über Wahlen die notwendige Flexibilität und Fortschreibung unserer Ordnung zu bewirken, ist nur dann gerechtfertigt, wenn die Wähler wissen, worüber sie entscheiden. Davon kann gegenwärtig nicht die Rede sein; weder im Hinblick auf Sachfragen noch auf Personen.

Jedes Ordnungssystem muß im Interesse seiner Funktionsfähigkeit verantwortlich sein für seine Weiterentwicklung und für die Gewährleistung von Kontinuität. Als zu dieser Forderung gehörende besonders wichtige Bausteine erwähne ich in diesem Zusammenhang:

1. die Definition eines Zielverständnisses, das die Identifikation der Beteiligten auslöst und Handlungsfreiheit im Rahmen der delegierten Verantwortung als Grundlage der Innovationsfähigkeit gestattet;

2. eine Verfassung, die es den Führungskräften ermöglicht, auf den internationalen Systemwettbewerb erfolgreich zu reagieren;

3. ein Berichtswesen im öffentlichen Bereich, das die Leistungen von Staat und Politik bewertet, den Grad der Zufriedenheit der Bürger dokumentiert und bei Wahlen zu Konsequenzen führt;

4. die systematische Heranbildung von Führungskräften, die durch ihre Fähigkeiten und ihr Verhalten die Leistungsbereitschaft der Bürger zur Entfaltung bringen.

Für diese Bausteine der Führungstechnik einer Gesellschaft gibt es im internationalen Vergleich bereits viele interessante und weiterführende Lösungen. – Und um einem verbreiteten Irrtum zu widersprechen, weise ich darauf hin, daß die Beachtung dieser Grundsätze für den Erfolg viel wichtiger ist als die Menge verfügbaren Geldes!

Die Gestaltung einer globalen Ordnung verlangt auch neue Führungstechniken. Diese müssen international akzeptabel und kompatibel sein. – Wir können es nicht mehr zulassen, Auffassungsunterschiede und sich überschneidende Interessen mit Gewalt zu entscheiden. Angesichts der heute bestehenden militärischen Potentiale könnte eine auf Macht beruhende Auseinandersetzung den Untergang nicht nur der streitenden Parteien zur Folge haben. Das Wissen um dieses Gefahrenpotential muß in unserer Welt zu einem verstärkten Bemühen um Verständigung und Kooperation führen. – Die Großmächte haben diese Problematik verstanden. Aber viele kleinere Staaten glauben immer noch an die Erfolgsmöglichkeit imperialer und nationaler Politik. – Es ist zutreffend, daß Fremdheit und Unterschiedlichkeit ein hohes Konfliktpotential darstellen. Um so mehr müssen alle denkbaren Schritte getan werden, um eine friedliche internationale Entwicklung zu gewährleisten.

Entsprechende Bemühungen sollten in einer pluralen Entwicklung vorangetrieben werden! Besonders erfolgversprechend erscheint bisher die wirtschaftliche Kooperation und der Zusammenschluß von Märkten. – Dabei stellen wir derzeit fest, daß ökonomische Zusammenschlüsse sehr viel einfacher sind, wenn sie auf ähnlichen kulturellen und rechtlichen Grundlagen basieren. – Hindernisse der Verständigung verspüren wir noch im kulturellen Bereich aufgrund von Gewohnheiten und unterschiedlicher geistiger Orientierung. – Vermutlich wird die Überwindung trennender Unterschiede nur durch die Zeit und mit Hilfe von viel Toleranz, Geduld und Kommunikation möglich sein. Eine solche Strategie ist mühsam und manchmal frustrierend. Aber wir wissen, daß Unterschiedlichkeiten überwunden werden können – und es gibt wohl keinen anderen Weg. Jedenfalls darf ein solcher Prozeß nicht gewaltsam gelöst werden! – Diese Erkenntnisse zu vermitteln, stellt dringliche Aufgaben für das Bildungswesen und die Institutionen der geistigen Orientierung dar. – Ich verweise auch auf die Integrationserfolge in den Demokratien. Wir sollten entsprechend bemüht sein, die demokratische Ordnung den Kulturen näher zu bringen, die derzeit noch von hierarchischen oder fundamentalistischen Systemen beherrscht werden.

Das Ausmaß der Begegnungen und der Kooperation von Menschen verschiedener Kulturen wird im kommenden Jahrhundert rasch zunehmen. Ob wir diese Begegnungen bewältigen, wird von unserer Einsicht und politischer Führungsbefähigung abhängen. – Dazu meine Auffassung in Thesen:

- Gegenseitiges Kennenlernen braucht Zeit und Geduld.
- Gemeinsame Interessen fördern den Annäherungsprozeß.
- Kooperation bedarf internationaler Regeln.
- Einwanderungsbedingungen, die auf Integration zielen, erleichtern die Konfliktbewältigung.

- Eine Harmonisierung der Kulturen würde die Menschen überfordern.
- Demokratische Ordnung erleichtert das Zusammenleben.

*Institutionen der Verständigung*

Die Veranlagung der Menschen ist nicht so unterschiedlich, daß der Versuch gemeinsamer Regelungen unrealistisch wäre. – Gemeinsamkeiten im Denken und Handeln bieten die beste Chance für friedliche Begegnungen und Zusammenarbeit. Bei der historischen Entwicklung der Kulturkreise – in meist voneinander getrennten Regionen – hat sich der Prozeß der Normierung gesellschaftlicher Bedürfnisse in ähnlicher Weise wiederholt. Diese Ähnlichkeit menschlicher Lebensprämissen rechtfertigt es zu überprüfen, inwieweit beim heutigen Stand der Begegnung von Menschen schon mehr gemeinsame Regeln akzeptabel erscheinen. Am Beispiel der Sicherheitspakte und Wirtschaftszonen ist das Interesse an einem gemeinsamen Vorgehen dokumentiert. – Umgekehrt aber beweist das energische Bestehen auf der eigenen Kultur das Bedürfnis der Menschen am Erhalten ihrer Gewohnheiten. – Diese beiden entgegengesetzten Tendenzen können wahrscheinlich langsam, aber doch friedlich einander angenähert werden. Zu dem Kampf der Kulturen braucht es nicht zu kommen. – Dagegen könnte ich mir aber sehr wohl einen systematischen Wettbewerb der Ordnungssysteme unserer Welt vorstellen. Auf diesem Feld gibt es schon jetzt viele Varianten – die alle noch zu verbessern sind! Mit Hilfe des sehr einfach gewordenen internationalen Erfahrungsaustausches können wir den Lernprozeß enorm beschleunigen. Beispielhaft verweise ich auf die notwendige Differenzierung und Verfeinerung des demokratischen Systems. Ein solcher internationaler Wettbewerb, beruhend auf Transparenz und der Verwendung der Kriterien der Meß- und Bewertbarkeit, wäre für uns alle und eine humane Weiterentwicklung der Ordnungssysteme unserer Welt von allergrößter Bedeutung.

Die Regeln einer friedlichen Kooperation werden sich im Laufe der Zeit im Sinne einer globalen Ordnung zwangsläufig ergeben. Mir scheint aber, daß es gute Gründe gibt, diesen Prozeß systematisch voranzutreiben, um nicht unnötig in Konflikte zu geraten. – Klare Verhältnisse können Lehrgeld ersparen.

# II Lernfähige Ordnungssysteme

## Fortschreibung staatlicher Ordnungssysteme

Unsere Welt ist in der zweiten Hälfte des Zwanzigsten Jahrhunderts fast schon zu einem gemeinsamen Markt geworden! Während die Staaten und Kulturen noch vielfach geprägt sind von den Einwirkungen der Vergangenheit, gilt auf dem Weltmarkt schon heute nur noch die Leistung. Diese drückt sich insbesondere im Preis und in der Qualität aus. – Da der Lebensstandard der Völker und die Machtposition ihrer Länder erheblich von der Leistungsfähigkeit ihrer Wirtschaft bestimmt werden, ist es das verständliche Bemühen jeder Regierung, auf diesem Gebiet erfolgreich zu sein. – Diesen Bemühungen wird in freien Gesellschaften von der Bevölkerung auch durchaus zugestimmt.

Wirtschaftlicher Erfolg ist – wie Europa dies gerade erfährt – in hohem Maße von der Sachgerechtigkeit und Stabilität seiner gesellschaftlichen Strukturen abhängig. Unterschiedliche Wertvorstellungen und Ziele führen zu entsprechend differierenden Ergebnissen der Wirtschaft. – Es ist auch kein Wunder, daß die nationalen Regierungen bemüht sind, als Partner in den wenigen großen Wirtschaftsgruppierungen, wie zum Beispiel der Europäischen Union, integriert zu sein. Auch diese Zielsetzung wird von den Völkern mitgetragen. Die große Anzahl von derzeit vorliegenden Anträgen benachbarter Staaten, in die Europäische Union aufgenommen zu werden, betont die vorherrschende Meinung: Es ist besser, dabei zu sein. – Gleichzeitig wird den Menschen im Rahmen dieses Prozesses der Marktvergrößerung aber auch verdeutlicht, daß man Vorteile als Mitglied eines größeren Marktes durch den Nachweis der nationalen Leistungs- und Steuerungsfähigkeit rechtfertigen muß. Dabei zeigt sich, daß der Nachweis der geforderten Beitrittskriterien großer Anstrengungen bedarf. – Der Prozeß der Vergrößerung des gemeinsamen europäischen Marktes bestätigt unsere Überzeugung, daß in bezug auf den wirtschaftlichen Erfolg Demokratien mit dem System der Marktwirtschaft die besten Aussichten haben.

Von diesem Systemvorteil haben die westlichen Demokratien im Zwanzigsten Jahrhundert erheblich profitiert. Ihre wirtschaftliche Leistungsfähigkeit vergrößerte sich ständig – und führte zu einer bedenklichen Diskrepanz zwischen armen und reichen Ländern in dieser Welt. – Unterschiede so gravierender Art haben in der Geschichte der Menschheit immer wieder zu Unfrieden geführt. Es ist deshalb sicherlich eine richtige Strategie, wenn die westlichen Demokratien und insbesondere die Industriestaaten jetzt versuchen, der Dritten Welt den Weg zur Selbsthilfe zu ebnen. – Diese gute Absicht hat sich aber in den vergangenen Jahrzehnten als schwieriger erwiesen, als man ursprünglich geglaubt hat. Riesige Summen an Entwicklungshilfe und Krediten sind ohne nachhaltige Wirkung investiert worden. – Es muß die Frage gestellt werden, ob und warum die politische Befähigung, der Dritten Welt zu helfen, nicht vorhanden war. Gleichzeitig ist mit dieser Fragestellung die Überlegung verbunden, wie man solche Hilfe wirkungsvoller gestalten kann. – Die Menschen in den Geberländern erwarten, daß man in Zukunft Entwicklungshilfe so ansetzt, daß sie nicht spurlos verschwindet oder verkonsumiert wird. – Welche Bedingungen muß man dann beachten, damit der Westen wirklich effiziente Entwicklungshilfe leistet? – Ganz offensichtlich ist das aber wohl nicht in erster Linie eine Frage ausreichender Mittel, sondern eine Frage der Steuerungsfähigkeit von Hilfe.

In den Demokratien des Westens ist uns seit langem deutlich, daß nicht Geld allein Innovation auslöst, sondern die Fähigkeit der Führung, neue Wege zu gehen. So müssen wir auch in bezug auf die Entwicklungshilfe die zugehörigen Prämissen sorgfältig bedenken und dann gesteuert zur Anwendung bringen. Ein solcher Lernprozeß braucht Zeit und Geduld, und wir sollten wissen, daß ohne die Bereitschaft zu nachhaltiger und umfassender Hilfe eine nennenswerte Förderung nicht bewirkt werden kann. Ein dauerhafter beratender Dialog und wirtschaftliche Kooperation können hier wertvolle Hilfe leisten.

An unseren eigenen Kulturen und Volkswirtschaften können wir im Westen – und insbesondere jetzt in Europa – lernen, wie stark unterschiedliche Ziele der Gesellschaftspolitik Einfluß auf die Entwicklung der Volkswirtschaft haben. In Europa hat es sich inzwischen herumgesprochen, daß das weniger zu tun hat mit der Verfügbarkeit des Kapitals – wohl aber mit den von der politischen Führung gesetzten Bedingungen, unter denen das Kapital arbeiten soll. – Diese Erkenntnis gilt in ähnlicher Weise auch für Förderungen in der Dritten Welt. – Aus den bisherigen Ergebnissen müssen wir lernen, daß wir im Interesse der von uns gewollten Kooperation mit den Entwicklungsländern besser informiert sein müssen, wie Hilfe zu gewähren ist. Dazu müssen wir mehr wissen von der Geschichte und dem Potential eines jeden einzelnen Landes, und wir müssen mit Hilfe der heute möglichen Erkenntnisse dann definieren, in welcher Form die Entwicklungshilfe zu strukturieren ist. – Die Möglichkeit einer Versachlichung der Entwicklungspolitik ist gegeben. Im Rahmen der Forschungsarbeit der Bertelsmann Stiftung haben wir in bezug auf den Verlauf von Transformationsprozessen deutlich nachweisen können, welches politische und wirtschaftliche Verhalten zu Erfolgen oder Fehlern geführt hat. Gleichzeitig ist es uns mit dieser Systematik auch gelungen zu bestimmen, welche Therapien für ein Land den besten Erfolg versprechen. – Diese Aussage möchte ich nachstehend in einigen Thesen verdeutlichen:

1. Die Einführung der in unserer Zeit erfolgreichsten Ordnungssysteme »Demokratie« und »Marktwirtschaft«

überfordert als direkte, schockartige Zäsur eine bis dahin ungeordnete Basisgesellschaft. – Sie kann nur im Rahmen eines langfristigen Entwicklungsprozesses angestrebt werden.

2. Ohne die Existenz eines Gewaltmonopols des Staates und ohne seine Steuerungsfähigkeit können Transformationsschritte kaum realisiert werden. – Eine zentralistische Ordnung ist als Grundlage der Systementwicklung immer noch geeigneter als der Zustand der Anarchie.

3. Das Vorhandensein eines Mindestlebensstandards ist die Voraussetzung gesellschaftlicher Stabilität. Das Scheitern der Wirtschaftspolitik mit der Folge gesellschaftlicher Armut ist für jede Regierungsform existenzgefährdend. – Im Umkehrschluß: Wirtschaftserfolge haben dagegen eine systemstabilisierende Wirkung. – Es kann im Interesse der Systemfortschreibung deshalb vertretbar sein, weniger geeignete Regierungen zu dulden, um zuerst über Wirtschaftserfolge die Prämissen der Reformfähigkeit herzustellen.

4. Die Stabilität einer Gesellschaftsordnung setzt ein Mindestmaß an Verteilungsgerechtigkeit voraus. – Wird das Existenzminimum der Menschen unterschritten, ist der Staat auch mit Hilfe von Gewalt nicht mehr steuerungsfähig.

5. Mehr als in früheren Zeiten ist heute der Staat auf die Zustimmung oder wenigstens Duldung seiner Politik durch seine Bürger angewiesen. Das gilt insbesondere

auch für die Führungseliten. – Reformen setzen Verständnis voraus!

6. Die Fortschreibung einer Kultur setzt einen langwierigen Erkenntnisprozeß voraus. Besitzstände und Denkgewohnheiten sind schwer zu verändern. – Zwänge erzeugen eher Widerstände. – Menschen brauchen Zeit zum Verstehen und zur Entwicklung neuer Ziele.

7. Die Reformbereitschaft einer Gesellschaft wächst in Abhängigkeit von ihrem Bildungsniveau und Lebensstandard. – Reformabsichten müssen diese Voraussetzungen fördern.

8. An der Entwicklung einer Gesellschaftsordnung sind viele Faktoren beteiligt. Den Anstoß zu einer Reform können unterschiedliche Gründe geben. – Auf Dauer wird sich nur eine Gesellschaftsordnung als stabil erweisen, deren Fortschreibungsmöglichkeit verfassungsmäßig geordnet ist.

9. Gemäß der Natur des Menschen kann es nicht überraschen, daß gesellschaftliche Entwicklungsprozesse in ganz unterschiedlichen Kulturen aus ähnlichen Anlässen und häufig in gleichen Schritten erfolgen. Diese Systematik der Transformationsprozesse ist aus dem Verlauf der Geschichte deutlich erkennbar. – Das Wissen um den Verlauf von Transformationsprozessen muß in unserer Zeit nutzbar gemacht werden zur Steuerung, Evaluation und Korrektur von gesellschaftlichen Veränderungen.

10. Der gute Wille der Geberländer, den unterentwickelten Kulturen zu helfen, ist anzuerkennen und politisch klug. – Nach den Fehlern der Entwicklungshilfe in der Vergangenheit ist aber zu fordern, daß diese Unterstützung nachvollziehbar und effizient gestaltet wird.

Diese Thesen verdeutlichen einerseits die Probleme staatlicher Transformationsprozesse – und deuten andererseits auf notwendige Prämissen bzw. Folgen eintretender Veränderungen hin. Sie bestätigen aber in der Summe ihrer Aussagen die von uns als folgerichtig erkannte Entwicklung hin zu den Ordnungssystemen Demokratie und Marktwirtschaft. – Eine solche generelle Aussage beinhaltet nun aber nicht den Schluß, daß die staatliche Entwicklung gradlinig und fehlerfrei verläuft. Die wissenschaftlichen Analysen des Ablaufs von Systemtransformationen betonen bei aller sachlichen Folgerichtigkeit auch die Abhängigkeit von personellen Konstellationen. Aus dieser Tatsache ist konsequent auch der Umkehrschluß zu ziehen, daß unzureichende personelle Prämissen zu Irrtümern und Fehlentwicklungen führen.

Solche Erscheinungen werden verständlicherweise insbesondere am Anfang gesellschaftlicher Neuordnungen auftreten. Beispielhaft verweise ich auf den Lernprozeß, der zur Zeit in den fortgeschrittenen Demokratien unter dem Begriff »Bürgergesellschaft« zu beobachten ist. Die Strukturen und Methoden der Entscheidungsfindung in der Bürgergesellschaft befinden sich noch mitten in der Erprobung. Sie werden beeinflußt sowohl von dem gesellschaftlichen Bedarf als auch von dem heute zu beobachtenden starken demokratischen Engagement der Bürger. Eine solche tastende Entwicklung darf man nicht als das Symptom des Scheiterns begreifen, sondern vielmehr als einen notwendigen und wünschenswerten Lern- und Erprobungsprozeß in einer komplizierten gesellschaftlichen Fragestellung.

Ähnlich beurteile ich die Entwicklung zum Regionalismus, die wir an verschiedenen Stellen auch in Europa beobachten. – Die Symbole der Identität, die sich früher in Personen oder Nationen dokumentierten, erweisen sich in unserer Zeit als nicht mehr hinreichend und verläßlich. Häufig müssen wir sie sogar als gefährlich und irreführend einstufen. – Neue einheitsstiftende Formierungen wie zum Beispiel »Europa« oder »USA« sind für die Menschen zu wenig erlebbar, um eine von ihnen gewünschte und benötigte Gruppenbildung zu ermöglichen.

Menschen brauchen eine überzeugende staatliche Ordnung, die sich durch ihre Kultur und Führungsfähigkeit legitimiert. Dabei spielen die Erfahrungen der Tradition und die menschliche Abhängigkeit von Gewohnheiten, Besitzständen und Regelungen eine große Rolle. Wenn Menschen vor die Aufgabe gestellt werden, diese Elemente der Kultur in Frage zu stellen und fortzuschreiben, befällt sie oft Angst und Unsicherheit. Selbst ein offensichtliches Versagen einer überlieferten Ordnung reicht oft nicht aus, die Angst vor den Risiken der Fortschreibung zu überwinden.

Die für Menschen am deutlichsten erlebbare Kultur ergibt sich aus den Elementen ihres regionalen Umfeldes. Es hat gute Gründe, daß in unserer Zeit die in bezug auf die Identifizierung des einzelnen früher dominierende Nation nicht etwa von Europa, sondern vielmehr von der für alle Menschen erlebbaren Welt, nämlich ihrer Heimat, übernommen wird. Keineswegs hat sich aber im Gegensatz zu dieser gut verständlichen Identitätsentwicklung die Abklärung der Zuständigkeiten zwischen Europa, Nation und Region entwickelt. In dieser Hinsicht spielen auch keineswegs nur die Empfindungen der Bürger die maßgebliche Rolle, sondern vielfache andere gesellschaftliche Anforderungen. – Daß in einer solchen Situation einer Neuorientierung auch Irrwege eingeschlagen werden, ist insbesondere durch die Abhängigkeit von den federführenden Politikern systembedingt. Eine Vermeidung eines solchen Risikos erscheint im Sinne des Auslotens einer optimalen regionalen Lösung auch gar nicht wünschenswert.

Mir scheint, daß hier eine Situation gegeben ist, die der Unternehmer im Bereich der Wirtschaft aus seinem täglichen Erleben gut kennt. Für den Unternehmer liegt die große Erfolgschance nämlich im Auffinden neuer Wege. Er hat bei seinen Entscheidungen keine Sicherheit, er muß sich auf seine Erfahrung und Gestaltungsfähigkeit verlassen und Mut beweisen. Diese Prämissen haben in der Vergangenheit den Bereich der Wirtschaft zum Vorreiter systematischer Reformen werden lassen. Grund genug, darüber nachzudenken, ob ähnliche Bedingungen auch bei den anstehenden Reformen im staatlichen Bereich erfolgreich sein können. – Das ist nach allen meinen Erfahrungen mit dem System der leistungsorientierten Führung in Politik und Staat in der Tat weitestgehend der Fall! Bei dem Bestreben, die Möglichkeiten und Grenzen des Regionalismus zu erfahren, sollten wir deshalb unbedingt das heute zur Verfügung stehende Instrumentarium der Versachlichung und Evaluierung politischer Entscheidung zur Anwendung bringen. Die unserer Beobachtung in Europa, aber auch sonst in der Welt zugänglichen Regionalisierungsbestrebungen sollten wir meines Erachtens in diesem Sinne nach folgenden Kriterien beurteilen:

1. Wer steht als treibende Kraft hinter einer Regionalisierung? – Sind es einzelne Persönlichkeiten, oder ist es das Anliegen einer wesentlichen Bevölkerungsgruppe?

2. Wurde die Regionalisierungstendenz überwiegend aus kulturellen Gründen ausgelöst – oder aus wirtschaftspolitischen? – Welche Beständigkeit haben die gleichen kulturellen Impulse in ähnlichen Situationen in der Geschichte bewiesen?

3. Wurden in der Regionalisierungsdebatte die wirtschaftlichen Folgen einer größeren Unabhängigkeit überhaupt problematisiert? Hat man zum Beispiel die finanziellen Folgen einer für die Region eigenen Sprache abgeschätzt und öffentlich verdeutlicht?

4. Hat man der Bevölkerung mitgeteilt, welche Funktionen man regional und welche man durch einen Staatenbund wahrzunehmen gedenkt?

5. Ist der Bevölkerung in der Region deutlich, daß derzeit alle ärmeren Staaten danach streben, sich in wirtschaft-

licher Hinsicht an größere Staatengemeinschaften anzuschließen?

6. Ist den Menschen in der Region verdeutlicht worden, daß zusätzliche Abgrenzungen neben ihrem Lebensstandard auch ihre Freizügigkeit und Lebenschance erheblich beeinträchtigen können?

7. Welche Vorteile wurden den Menschen in der Region versprochen, die einen wesentlichen Verzicht auf Lebensstandard und Lebenschancen rechtfertigen?

8. Sind die Menschen danach befragt worden, welche kulturellen Besonderheiten ihnen einen nennenswerten materiellen Verzicht wert sind? – Ist diese Frage an Auslandsbeispielen oder aus der Historie verdeutlicht worden?

9. Wenn die vorstehenden Fragen nur unzureichend geprüft und behandelt wurden, kann man dann von dem Entwicklungsprozeß in der Region noch als von einem demokratischen Prozeß sprechen? – Oder handelt es sich hier um den Versuch einer Gruppe, Meinungen zu manipulieren?

10. Heute besteht die technische Möglichkeit, Menschen an Transformationsprozessen teilnehmen zu lassen. Eine demokratische Gesellschaft muß dabei auf der Freiheit der Meinungsbildung der Medien bestehen. – Ist nach diesen Kriterien die Information in der Region sachgerecht verlaufen?

Der Regionalismus als Ordnungsprinzip bietet fraglos im kulturellen Bereich viele, auch innovative Möglichkeiten. – Am Beispiel des Nationalismus haben wir aber im Zwanzigsten Jahrhundert auch erfahren müssen, welche Gefahren in der Verführbarkeit eines Grenzen ziehenden Systems liegen. – Vom Unternehmer habe ich immer den Mut zum Risiko im Interesse der Innovation gefordert. Die gleiche Konsequenz möchte ich auch im Interesse der Regionalisierung fordern! – Wenn sich unsere demokratischen Regierungen zur Anwendung der Grundsätze der Meß- und Vergleichbarkeit der Resultate ihrer Entscheidungen im Sinne einer politischen Rechtfertigung bekennen würden, könnte man dem vielschichtigen Prozeß der Regionalisierung zuversichtlich entgegensehen.

## Neue gesellschaftliche Ziele und die Einführung lernfähiger Ordnungssysteme

### *Das Versagen der überlieferten Ordnungen*

Unsere überlieferten gesellschaftlichen Ziele sind noch heute stark von ihrem hierarchischen Ursprung geprägt. Der ursprünglich überwiegend durch Macht erworbene Führungsanspruch der Herrschenden erwies sich im Verlauf der Geschichte als unzureichend, um die Stabilität ihrer Staaten zu bewahren.

Aufgrund ihrer unbefriedigenden Funktionsfähigkeit werden heute hierarchische Systeme von der demokratischen Ordnung abgelöst. Diese Gesellschaftsordnung muß in bezug auf ihre Führungsfähigkeit zwar noch weiterentwickelt werden; das System verspricht aber eine bessere Kontinuität durch die größere Identifikation der Bürger mit den Zielen des Staates.

Die Gewöhnung an die demokratische Staatsform erfolgte in den letzten beiden Jahrhunderten mit viel Idealismus und großen Hoffnungen. Freiheit, Gleichheit und Brüderlichkeit waren Ziele, die nach langer Zeit hierarchischer Ordnungen Menschlichkeit und Fortschritt versprachen. – Das Erlernen des demokratischen Systems stieß aber auf mehr Schwierigkeiten als erwartet. Insbesondere erwiesen sich überkommene Gewohnheiten des Denkens und erworbene Besitzstände als hinderlich, die Demokratie einzuführen. Charakterisch für diesen Transformationsprozeß ist die Tatsache, daß noch heute in bezug auf das demokratische System recht unterschiedliche Auffassungen zu seiner Anwendung bestehen. Zwar gehört es mittlerweile zum guten Ton, sich zur Demokratie zu bekennen. Aber in der Praxis politischer Arbeit und der Durchführung staatlicher Aufgaben ergeben sich wesentliche Auffassungsunterschiede. – Die in unserer Zeit bestehende Möglichkeit des Systemvergleichs demokratischer Praxis in verschiedenen Ländern wird nur unzureichend genutzt. Jede Nation glaubt, ihren eigenen demokratischen Stil entwickeln zu können. – So findet eine an sich notwendige Systemfortschreibung kaum statt.

Für die Bürger führt diese Entwicklungsphase zu Enttäuschungen und Belastungen. Die Tatsache, daß demokratische Politiker in der Beliebtheitsskala aller Tätigkeiten von der Bevölkerung auf der untersten Stufe eingeordnet werden, muß zu denken geben. Treten dann noch die Folgen unzureichender Führungsfähigkeit auf, wie zum Beispiel Inflation und Massenarbeitslosigkeit, regen sich in der Bevölkerung Zweifel am System und der Führungsfähigkeit der Politiker.

Das heute unbefriedigende Verhalten der Parteien und ihrer politischen Vertreter ist wenig geeignet, das Mißtrauen abzubauen. – In unserer Zeit ist es geradezu zur Normalität geworden, in politischen Debatten und im Rahmen von Wahlkämpfen zu versuchen, Meinungen zu manipulieren. Anstelle sachlicher Auseinandersetzungen über Ziele und Methoden dominieren parteipolitische Opportunität und Gefälligkeitspolitik zur Stabilisierung der Macht. Dies Verhalten führt zu Fehlern, Enttäuschungen und schließlich zum Verlust politischen Handlungsfreiraums.

Den Bürgern ist dieser Mißbrauch nicht verborgen geblieben. Ihr Vertrauen in die demokratische Führungsfähigkeit ist bedenklich zurückgegangen. Der Trend wird in unserer Zeit häufig noch verstärkt durch ein persönlich fragwürdiges Verhalten der Politiker in ihrem Beruf und auch in ihrem privaten Bereich. Die alte kulturelle Erfahrung, daß Menschen von ihrer Führung Vorbildlichkeit erwarten, ist in unserer Zeit durch die weitgehend interpretierte Liberalität fragwürdig geworden. – Die Führungsfunktion des Staates und die Bereitschaft der Bürger, Anordnungen zu befolgen, könnten sehr unterstützt werden, wenn unsere Politiker wieder die Bedeutung des Vorbildes beachten würden. – Wer anordnet, trägt die Verantwortung für die Durchführung! Wer gültige Werte verletzt, untergräbt die Autorität des Staates!

Nach unserer demokratischen Verfassung ist die Politik Dienstherr der staatlichen Funktionen. Nach dem in unseren politischen Parteien üblichen Stil der Personalarbeit werden aber die dort notwendigen Kenntnisse und Erfahrungen für die Führungsaufgabe weder vermittelt noch bei der Vergabe eines Mandats ausreichend hinterfragt. Die für jedermann erkennbaren Mängel dieser Praxis führen nun aber nicht zur Reform der Personalarbeit in Staat und Politik, sondern eher zum Versuch der Schadensbegrenzung durch immer detailliertere Vorschriften und Handlungsanweisungen. Diese Methode wiederum verstärkt die überholte bürokratische Führungstechnik der Verwaltung. – So hat sich in unserem Land ein unübersehbares Geflecht von Regelungen ergeben, die eine zielführende, innovative und schnelle Reaktion extrem behindern. Das Streben staatlichen Handelns ist schon lange nicht mehr charakterisiert durch Fortschritt, Innovationsfähigkeit und Effizienz, sondern getreu den Überlieferungen der Vergangenheit durch das Testat der »Ordnungsmäßigkeit«. – Es ist erstaunlich, daß in unserer Zeit der schnell expandierenden Informationsgesellschaft die Großorganisationen in allen Lebensbereichen nicht die Fähigkeit entwickeln, ihre Arbeitsprämissen, das heißt ihre Ziele, Methoden und ihre Leistungsfähigkeit, zu überprüfen und fortzuschreiben. Und das in einer Zeit, in der kaum Zweifel daran bestehen kann, daß über das Schicksal aller Kulturen unserer Welt, ihrer Institutionen und ihrer Bürger ihre Wettbewerbsfähigkeit entscheidet.

Als besonders drastisches Beispiel des Versagens verweise ich auf den mangelnden Stellenwert, dem heute die Entwicklung des Führungsnachwuchses in Großorganisationen beigemessen wird. – In China war schon vor Jahrtausenden die Staatskunst so verfeinert, daß dortige Dynastien über viele hundert Jahre Bestand hatten. Dort mußten aber auch die Distriktgouverneure »Eignungsprüfungen« bestehen. – Der 2000jährige Bestand der katholischen Kirche beruhte nicht nur auf ihrer Botschaft, sondern auch auf ihrem Verständnis vom Stellenwert der Führung. Dazu gehörte auch die Auswahl und Heranbildung des Führungsnachwuchses. – In der Wirtschaft hat der internationale Wettbewerb die Bedeutung der personellen Führungsfähigkeit rasch deutlich gemacht, und die teilweise immer noch zentralistische Führungstechnik stellt sich selbst in Frage. Die Leistungszwänge des Wettbewerbs werden dort noch vorhandene Führungsdefizite bald korrigieren. – Es bleibt das Fazit, daß die Wirtschaft als leistungsorientierte Organisation intensiv bemüht ist, die menschliche Führungskomponente zu optimieren. – Ein weiteres Beispiel: Ähnliche Überlegungen hat es in allen Zeiten auch in bezug auf militärische Organisationen gegeben. Auch hier haben existentielle Zwänge Lernprozesse ausgelöst. Als Folge wurde die Personalarbeit in bezug auf Führungsfähigkeit und Führungsverhalten dort gewissenhafter beachtet als in anderen Organisationen.

Dagegen ist die Führungsfähigkeit im staatlichen Bereich immer noch durch ihre Historie und ihre überholten Zielvorstellungen charakterisiert. – Die heutige Ausbildung staatlicher Führungskräfte verzichtet weitgehend auf die Fähigkeit zur Leistungsorientierung und kreativen Gestaltung. Das staatliche Berichtswesen zeigt solche Defizite nicht einmal an – solange das Handeln durch das Einhalten von Vorschriften gedeckt wird. – In dem für jede Gesellschaft wichtigsten Bereich der Politik haben sich in bezug auf die Personalarbeit Praktiken entwickelt, die Konformität eher belohnen als wettbewerbsorientierte Führungsfähigkeit. Seilschaften spielen eine verhängnisvolle Rolle und behindern weiterführende Initiativen. Rhetorische Begabung gilt mehr als Sachverstand. Die in unserer Zeit unverzichtbare leistungsorientierte Führungsnachwuchsarbeit wird im Staat weder in ihrer Bedeutung erkannt noch praktiziert.

Die vorstehenden Beispiele muß man reflektieren angesichts der Erkenntnis, daß der Erfolg jeglicher Organisation letztlich von ihrer Führungsfähigkeit und in unserer Zeit von der Befähigung zur Kontinuitätssicherung entschieden wird. Die bestehenden Versäumnisse in dieser Hinsicht sind zugleich die entscheidenden Gründe für unser politisches Versagen und die gegenwärtige Stagnation.

Für den Großteil der Bürger sind solche Entwicklungen zum einen unbegreifbar und zum anderen sehr enttäuschend. Wie viele Hoffnungen auf eine menschlichere und gerechtere demokratische Ordnung sind gescheitert! Wie viele leider wenig fundierte Bestrebungen erleben wir, um die Mißstände der Gegenwart zu überwinden. Noch glauben die Menschen an die Richtigkeit des demokratischen Weges – aber ihre Zweifel wachsen. – Dies gilt um so mehr, wenn Politik und Staat sich als nicht lernfähig erweisen und selbst eklatantes Versagen zu keinen Reaktionen führt! Die Bürger haben recht: Unsere Demokratie braucht Reformer, welche die Anliegen der französischen Revolution ergänzen können durch die Ziele, die über den Erfolg im globalen Wettbewerb entscheiden. Es sind dies vor allem:

- die Anerkennung von Werten,
- die Fähigkeit zur leistungsorientierten Führung,
- die Gewährleistung von Innovation durch die Einführung von Wettbewerb,
- die Herstellung von Transparenz in allen Lebensbereichen.

Das eingetretene Dilemma der Demokratien beruht nicht nur auf Defiziten der Verantwortlichen, sondern auch auf systembedingten Gründen. Die demokratische Ordnung soll dem Wohle der Bürger dienen – und zugleich sind die verantwortlichen Politiker von deren Zustimmung abhängig. – Daß in dieser Situation auch Politiker menschlich reagieren, ist verständlich: Sie suchen ihren Vorteil und sind bemüht, ihre Besitzstände zu erhalten. Daß sie dabei in Ausübung ihrer Kompetenzen des Guten zuviel tun und mehr Geld ausgeben als vorhanden ist, gehört heute zur Routine in vielen Demokratien. – Daß diese Praxis gleichzeitig ihre Chance der Wiederwahl verbessert, ist im Ergebnis verhängnisvoll.

Solche Systemfehler sind aber behebbar. In der angelsächsischen Welt und ganz besonders in den USA wurde bewiesen, daß man Politiker sehr wohl im Interesse ihrer Aufgabenstellung disziplinieren kann. Auch die Regeln der Europäischen Union treiben die Disziplinierung bezüglich der Finanzpolitik ihrer Länder voran. – Das könnten auch stabilisierte Demokratien – wenn ihre Politiker das nur wollten! Aber Freiheiten des Handelns einzutauschen gegen politische Disziplin, erscheint wohl manchem als ein geringeres Maß an Demokratie und nicht als ein »Mehr an politischer Verantwortung«. – Es wäre zu wünschen, daß sich die Politik in dieser Richtung als lernfähig erweist.

Neben der verantwortungsbewußten Gestaltung der Finanzpolitik hat man in der angelsächsischen Welt auch gelernt, politische Vorgänge meßbar zu gestalten – und zwar mit Hilfe von Kriterien. – Dieses Verfahren, das für praktisch alle Funktionen verwendbar ist, schafft die Grundlage für Leistungsvergleiche zwischen den Völkern und damit für eine bewertende Evaluierung. Das fördert das Lernen und ermöglicht zugleich die Einführung von Wettbewerb. – Aus dem Bereich der Wirtschaft wissen wir, daß Wettbewerb den Fortschritt erzwingt. In der staatlichen Zuständigkeit können wir diesen Effekt in gleicher Weise erzielen. Die notwendigen Verfahren sind vorhanden. Es liegt nur am Willen unserer politischen Führung, ob wir diese Möglichkeiten auch nutzen. – Ergänzend muß deshalb an dieser Stelle vermerkt werden, daß bei einer Systemumstellung unter Nutzung des Wettbewerbs große Innovationsreserven erschlossen werden könnten. – Die Bereitschaft und Fähigkeit der im öffentlichen Bereich Beschäftigten zu einer Reform in Richtung Leistungsorientierung und Wettbewerb stehen nach meinen Erfahrungen außer Frage. – Fehlt unserer Politik die Bereitschaft oder die Zeit zum Lernen?

Aber auch in dem gesellschaftlich besonders wichtigen Bereich der Wirtschaft gibt es trotz intensiven Wettbewerbs noch dringenden Fortschreibungsbedarf. – Nach der durch den Unternehmer und eine sehr liberale Wirtschaftsordnung geprägten Phase folgte aus unabweisbaren gesellschaftlichen Gründen die Entwicklung zum System der Sozialen Marktwirtschaft. Die Grundgedanken dieser Ordnung erwiesen sich für Jahrzehnte als richtig und überraschend erfolgreich. Die Welt staunte über das deutsche »Wirtschaftswunder« nach dem Zweiten Weltkrieg. – Heute ist die Erfolgsserie abgerissen: Stagnation und Massenarbeitslosigkeit charakterisieren die Wirtschaftssituation in unserem Lande. Was für Fehler sind da gemacht worden? – Als Ursache muß klargestellt werden, daß unter dem Eindruck des Erfolges der Sozialen Marktwirtschaft die von den demokratischen Institutionen verantworteten Initiativen nach mehr Gerechtigkeit, Solidarität und Schutz zu einer verhängnisvollen Spätwirkung geführt haben! Die Politik hat die Leistungsfähigkeit der Wirtschaft völlig überschätzt, und die auf Schutz zielenden Maßnahmen schränkten zu oft die für die Wirtschaft notwendige Flexibilität ein. – Der Staat selbst erweiterte andererseits seine Leistungen für die Bürger in unbedachter Weise und trug so zur Reduzierung seines eigenen Handlungsfreiraums bei. – Die Unternehmer in unserem Lande wurden entmutigt durch diese Behinderung ihrer Arbeit – und reagierten mit abnehmender Gestaltungsbereitschaft. – Es ist rückblickend erstaunlich, wieviel Zeit wir brauchen, um in solch einer Situation von den Erkenntnissen anderer Länder zu lernen. Fast scheint es, als ob bei vielen Verantwortungsträgern in Politik und Staat immer noch die Auffassung besteht, nationale Regelungen in Unabhängigkeit vom globalen Umfeld durchsetzen zu können.

Es ist fraglos richtig, daß die Führungsaufgabe in der Wirtschaft schwieriger geworden ist, und es ist leider auch wahr, daß die Verantwortlichen in den Schaltstellen der Unternehmen die neuen Möglichkeiten der Führungstechnik nur zögernd aufgreifen. – Ich verweise als Beispiel auf die großen Vorteile durch eine sachgerechte Dezentralisierung oder die Führung mit Hilfe von Motivation anstelle von Disziplin. Diese Delegation von Verantwortung erschließt nachweislich ein gewaltiges Kreativpotential! – Die Gründe für den verzögerten Lernprozeß sind nicht nur mangelnde Erkenntnisse. Von größerem Gewicht dürfte die Abneigung vieler Vorgesetzter sein, sich von mühsam erworbener Macht zu trennen. Eine zwar verständliche, aber im Interesse des Unternehmenserfolges verheerende Einstellung.

Die Erfolge der Vergangenheit sind bei vielen Firmen zu respektieren! Wir müssen aber vorsichtig sein mit der Vermutung, mit Hilfe früher erworbener Erfahrungen und Besitzstände auch die Zukunft meistern zu können. Die Praxis der Gegenwart stellt leider unserer Lernbereitschaft in dieser Hinsicht kein befriedigendes Zeugnis aus.

### Ein neues Selbstverständnis des Bürgers hinterfragt die demokratische Ordnung

Die heutigen Bürger und insbesondere die Jugend akzeptieren nicht mehr unkritisch Formen und Denkgewohnheiten der Vergangenheit. Sie versuchen, die Hintergründe von Mißständen zu verstehen und kommen bei diesen Überlegungen selbstverständlich auch auf das führungstechnische Defizit. Da die Bürger sich trotz aller Mängel mit ihrem demokratischen Staat arrangiert haben, empfinden sie um so mehr dieses Versagen, das sich gegen ihre persönlichen Interessen richtet. – In unserem Lande erleben viele Bürger die demokratische Staatsform nur durch ihre Teilnahme an Wahlen. Die Wahlmodalitäten sind ihnen bekannt. Mit einer gewissen Spannung verfolgen sie die Wahlergebnisse. – Meinungsumfragen zeigen aber zugleich, daß das Vertrauen der Wähler in Parteiprogramme und die Hoffnung auf eine bessere Führungsfähigkeit ihrer Politiker sehr gering ist! Zu oft haben die Wähler Versprechungen gehört, die sie sofort als Manipulation erkannten – und die naturgemäß zu keinerlei Wirkungen führten.

Dieses Vertrauensdefizit der Bürger in ihre Parteien und Politiker wird aber mit Sicherheit nicht bei einem passiven Hinnehmen unvertretbarer Zustände bleiben! Es wird in unserer Zeit deutlich, daß die Bürger nicht nur mit Hilfe der von ihnen gewählten Parteien, sondern vor allen Dingen auch in eigener Initiative versuchen, Mißstände zu beheben und neue Lösungen zu gestalten. – Uns allen ist in diesem Sinne der Begriff der Bürgergesellschaft bekannt geworden.

Die Menschen sind inzwischen der Ansicht, daß ihre Möglichkeiten nicht nur durch Beruf und Familie umrissen sind. Sie haben erfahren, daß sie in starkem Maße von der Gemeinschaft und ihrer Gestaltung abhängig sind. Als Folge davon ist es sehr ermutigend zu erleben, daß viele Menschen den persönlichen Einsatz für Belange der Gemeinschaft als einen notwendigen und wünschenswerten Teil ihres Lebens akzeptieren. In einer Zeit, in der unser Staat mit seinem riesigen Heer von Angestellten völlig damit überfordert ist, die ihm zugewiesenen Aufgaben zu bewältigen, bietet sich die Initiative der Bürgergesellschaft nicht nur als ein Ausweg an. – Die Bürgergesellschaft handelt nämlich nicht nach hierarchischen Vorgaben. Die Bürger handeln aufgrund von offensichtlichen Notwendigkeiten und übernehmen Funktionen, die von der staatlichen Autorität gar nicht oder nur unzureichend wahrgenommen werden. – Bürger sind heute bereit, in verantwortlicher ehrenamtlicher Tätigkeit an der Gestaltung der Institutionen unserer staatlichen Ordnung mitzuwirken. Ihre Bereitschaft führt zu einem ergänzenden oder korrigierenden Steuerungseinfluß im Sinne des gesellschaftlichen Bedarfs. Zum anderen erhält der Staat durch diese Mitarbeit Kreativimpulse und Fachwissen, das ihm hilft, die Rückstände in seiner Systementwicklung zu überwinden.

Wir dürfen zum Stande unserer Demokratie also festhalten, daß das Selbstverständnis des heutigen Bürgers in einer Bereitschaft resultiert, sich auch für gemeinschaftsorientierte Aufgaben zur Verfügung zu stellen. Besonders erfreulich ist dabei zu sehen, daß der Bürger solche Engagements in der Überzeugung übernimmt, etwas für die Gemeinschaft und die Menschen tun zu wollen und zu müssen. Hier erschließt sich zum Glück unseres demokratischen Staates ein Selbstverständnis der Bürger, das schon mittelfristig geeignet sein könnte, unsere aus hierarchischen Zeiten stammenden Ziele und Verfahren den heutigen Lebensbedingungen anzupassen.

Häufig wird im Zusammenhang mit der Bürgergesellschaft die Frage diskutiert, woher das Geld für Tätigkeit und Expansion dieser Entwicklung genommen werden soll, in einem Staat, der ohnehin überschuldet ist. – Dazu sei deutlich angemerkt, daß diese Fragestellung eine Gewohnheit des Denkens der Vergangenheit darstellt. Wir sollten nicht unterschätzen, wie stark das originäre Interesse der Menschen an Gemeinschaft ist, und zwar sowohl an der Teilnahme von Vorteilen, als auch in bezug auf die Bereitschaft, sich für die Gemeinschaft zu engagieren. – In anderen Demokratien ist diese Haltung schon weiterentwickelt mit dem Ergebnis einer stabileren und menschlicheren Form der Demokratie. Hier liegt für uns eine große und lohnende Chance eines gesellschaftlichen Lernprozesses. – Daß die menschliche Bereitschaft zum Engagement in der Gemeinschaft zugleich auch der führungstechnischen Notwendigkeit zur Delegation der Verantwortung, des Mitdenkens und der Mitbestimmung entspricht, sollte nicht unerwähnt bleiben. Aus parallelen Erfahrungen in der Wirtschaft in Deutschland und der Kultur anderer Länder wurde mir deutlich, daß diese dezentrale Vielfalt menschlicher Initiativen auch eine große Chance für mehr Menschlichkeit enthält.

Die Staatsform der Demokratie hat nach Jahrzehnten das Selbstverständnis der Bürger so beeinflußt, daß daraus in unserer Zeit die Bürgergesellschaft entstehen konnte. Diese Entwicklung sollte systematisch unterstützt werden. – Der Staat hat Möglichkeiten, das Erlernen von Gemeinschaftsfähigkeit, die Bereitschaft zur Verantwortungsübernahme sowie die Anerkennung des Prinzips der Subsidiarität auszubilden und zu fördern. Der Staat selbst sollte die sich jetzt anbietende Chance der Delegation von Verantwortung auf die Bürger systematisch nutzen! Eine Fülle von Aufgaben, die zur Zeit unbefriedigend oder noch gar nicht bewältigt werden, könnten im Rahmen der Bürgergesellschaft mit gutem Erfolg angegangen werden.

Aktivitäten dieser Art brauchen sich keineswegs auf die Förderung der Wohlfahrt zu beschränken. Auch im Sinne der Leistungs- und Qualitätssteigerung des Staates empfiehlt es sich, das vorhandene Fachwissen seiner Bürger, zum Beispiel in Arbeitskreisen und Ausschußsitzungen, zu verwenden. – Dies gilt insbesondere auch für die im staatlichen Bereich ungewohnte Aufgabe eines leistungsorientierten Planungs- und Berichtswesens. Diese notwendigen Fertigkeiten können zum Beispiel Bürger einbringen, die in der Wirtschaft mit diesen Aufgaben längst vertraut sind.

Nach allen Erfahrungen wird die Verantwortungsübernahme für gemeinnützige Aufgaben durch die Bürger bei diesen eine starke Motivation und das Gefühl der Sinnerfüllung auslösen. – Kundenorientierung und Höflichkeit können auf diesem Wege ebenso vermittelt werden wie die Bedeutung vorbildlichen menschlichen Verhaltens. – Die Stabilität des demokratischen Systems wird durch das stärkere Engagement der Bürger in gleicher Weise befördert wie seine methodische Fortschreibung durch einen konstruktiven Dialog. – Ich erinnere daran, daß solche Entwicklungen und Wirkungen meßbar, bewertbar und vergleichbar sind. Diese Chance sollten wir jetzt am Anfang der Entwicklung nutzen, um darzustellen, welchen Stellenwert die Bürgergesellschaft für uns haben kann!

## Von der Zielsetzung der »Ordnungsmäßigkeit« zum Ziel der »Wettbewerbsfähigkeit«

Der nationale Staat gerät zunehmend unter den Einfluß internationaler Regeln und Absprachen. Seine Bürger müssen diese Bedingungen in der Zukunft als eine Fortschreibung ihrer eigenen Kultur begreifen.

Der Lebensstandard der Bürger und damit auch ihr Freiraum und ihre Lebensqualität hängen stark von der Wettbewerbsfähigkeit ihrer Ordnungssysteme und der Leistungsfähigkeit ihrer Wirtschaft ab. Die Fähigkeit, in dieser Entwicklung mithalten zu können, verlangt eine hohe Flexibilität. Hierarchische Systeme und zentralistisch geführte Unternehmen können die geforderte Anpassungsfähigkeit selten aufbringen. – Umgekehrt zeigen der Mut zur Delegation der Verantwortung auf viele Schultern und die Gewährung von Freiraum für den Fortschritt bemerkenswerte Möglichkeiten.

Die führungstechnisch notwendige Delegation der Verantwortung auf untere Ebenen gelingt allerdings nur, wenn im jeweiligen Tätigkeitsbereich die Ziele und Arbeitsbedingungen mit den Erwartungen der dort tätigen Bürger übereinstimmen. Das Erreichen und Zustandekommen eines solchen Konsenses ist in unserer Zeit eine vorrangige Führungsaufgabe. Hier ist der Staat gefordert! – Die heutigen Arbeitsbedingungen müssen geprägt sein von dem Bemühen um Gerechtigkeit und Partnerschaft. Sie sollten dem einzelnen die Chance zu mehr Selbstverwirklichung und zum Aufstieg gewähren.

Die moderne Führungstechnik muß Ziele und Richtlinien vorgeben, aber Details der Ausführung den zuständigen Vorgesetzten und Mitarbeitern überlassen. Bewußt sollte dabei Freiraum für Versuche im Sinne des Fortschritts eingeplant werden. – Innovation muß zu einem ausdrücklichen Ziel staatlicher Führung werden. In allen Aufgabenstellungen muß das Planungs- und Berichtswesen diese dezentrale Zuständigkeit widerspiegeln, Innovationserfolge erkennbar machen und Fehlentwicklungen signalisieren.

Der Staat sollte sich daran gewöhnen, in seinem Berichtswesen nicht nur »Ordnungsmäßigkeit« zu dokumentieren, sondern vielmehr auch Leistungssteigerungen und methodischen Fortschritt. Für die Führung im Staat werden dann Handlungsschwerpunkte und lohnende Investitionen sehr viel einfacher erkennbar. – Wenn wir zum Beispiel bei einer Auswahl deutscher Universitäten zu entscheiden haben, wo Investitionen den besten Erfolg versprechen, müßte die besondere Innovationsfähigkeit aus den im Berichtswesen nachgewiesenen Ergebnissen abgeleitet werden können! – Ein weiteres Beispiel: Mit dem heutigen Budget einer Stadt kann der Bürger wirklich wenig anfangen. Würde der Jahresbericht einer Stadt dagegen, wie in der Wirtschaft üblich, gesetzte Ziele mit den Ergebnissen vergleichen, so wäre sofort der notwendige demokratische Dialog ausgelöst. – Werden in einen solchen Dialog noch vergleichbare Ergebnisse anderer Städte einbezogen, ergibt sich für die Medien und den Bürger plötzlich eine realistische Chance, durch Stellungnahmen und Wahlentscheidungen die Geschicke und die Entwicklung der Heimatstadt zu beeinflussen. – Daß eine solche Transparenz in der Rückwirkung zu einem anderen Verhalten der Politik zu einer entsprechenden Auswahl politischer Verantwortungsträger und zu sachgerechteren Wahlentscheidungen führt, muß in diesem Zusammenhang betont werden. – Nachdem inzwischen in vielen Hunderten von Städten in Deutschland das System der leistungsorientierten Verwaltung mit großem Erfolg und auch bemerkenswerter Zustimmung der Betroffenen eingeführt wurde, sollte man nun daran gehen, den Gedanken der Leistungsorientierung auch in anderen Bereichen zu nutzen. – Insbesondere für Planung und Steuerung des Finanzbedarfs würde ein solches Vorgehen große Vorteile für die kommunalen Entscheidungen mit sich bringen.

Eine Stadt muß sich für das Wohl ihrer Bürger einsetzen. Sie sollte bei diesem Bemühen auch interessiert sein an der Beurteilung der Bürger im Hinblick auf die von ihr gebotenen Serviceleistungen. – Auf diesem Feld kann man durch regelmäßige Stichprobenbefragungen bei Bürgern einerseits und Mitarbeitern der Stadt andererseits bemerkenswerte Verbesserungen im Verhalten erreichen. – Auch ein Vergleich mit anderen Städten führt oft zu überraschenden Erkenntnissen. Erstmalig erfahren dann nämlich die Kommunalpolitiker, ob ihre Führungsleistung eine gute, mittlere oder schwache Zensur verdient hat.

Um nicht den Eindruck entstehen zu lassen, daß hier unerprobte Verfahren vorgeschlagen werden, verweise ich auf parallele Erfahrungen in der Wirtschaft. In den Unternehmen ist unter dem Begriff der »Unternehmenskultur« eine Form der Kooperation entstanden, die wesentlich auf Identifizierung mit den Bedingungen und dem Verhalten der Führungskräfte beruht. Die in der

Unternehmenskultur auf allen Ebenen geforderte Delegation der Verantwortung vermittelt den Mitarbeitern nicht nur eine höhere Zufriedenheit mit ihrem Arbeitsplatz. Sie löst vor allen Dingen kreative Anregungen und Qualitätsbewußtsein aus. Diese Wirkungen können mit Hilfe von Kriterien meßbar und durch Vergleich bewertbar gemacht werden.

Es ist erstaunlich, daß die staatliche Verwaltung ebenso wie die Wirtschaft immer noch vorwiegend zur Durchsetzung von Anordnungen auf den Faktor »Disziplin« setzt. Dieser Irrtum verschüttet ein großes vorhandenes Leistungs- und Innovationspotential. – Am Beispiel der Jahresfehltage kann man die unterschiedlichen Auswirkungen von Motivation und Disziplin auf die Gesundheit sehr deutlich erkennen. Bestimmte Berufsgruppen im Staat werden charakterisiert durch dreißig Fehltage per anno. – In Unternehmen mit delegierter Verantwortung und hoher Identifikation der Beschäftigten ergeben sich dagegen nur neun Fehltage im Jahr.

In der Zukunft wird schematische Tätigkeit stärker abgelöst werden durch Arbeitsformen, die Mitdenken und Gestalten voraussetzen. Arbeitsprozesse dieser Art werden ohne Identifikation der Mitarbeiter und eine entsprechend positive Einstellung gegenüber ihrer beruflichen Aufgabe nicht mehr konkurrenzfähig zu bewältigen sein. – Für die Führungsverantwortlichen in Staat und Wirtschaft sollte diese Erfahrung Anlaß zum Nachdenken sein. Die Führung mittels der Disziplin hatte vor langer Zeit gute Gründe. Unter den heutigen Arbeitsbedingungen müssen wir aber von uns allen mehr fordern. Wir müssen bereit sein, Verantwortung zu übernehmen. Wir müssen mitdenken und gestalten, und wir brauchen dazu Freiraum und Motivation. Wir müssen uns als Partner im Staat und in der Wirtschaft anerkannt fühlen können!

An dieser Stelle erscheint es mir wichtig, noch einmal darauf hinzuweisen, wie sehr Identifikation und Einsatzbereitschaft der Mitarbeiter von den Arbeitsbedingungen, von der Überzeugung, Richtiges zu tun und gerecht behandelt zu werden, beeinflußt werden. – Wir müssen in dieser Hinsicht die Erkenntnis berücksichtigen, daß der entscheidende Einfluß auf das Betriebsklima und damit auf die Leistungsbereitschaft bestimmt wird durch das Verhalten des nächsten Vorgesetzten! – Die Qualifikation zur Führung setzt nicht nur fachliche Kenntnisse und Intelligenz voraus. Vorgesetzte müssen in unserer Zeit den Stil der partnerschaftlichen Führung beherrschen. Sie müssen beraten, helfen und loben und es dem Mitarbeiter auf diese Weise möglich machen, seine Kräfte zu entfalten. Dabei geht es nicht nur um Leistungsoptimierung, wie zum Beispiel früher bei der Akkordarbeit. Vielmehr wird auch das Potential des Menschen zur Gemeinschaftsfähigkeit benötigt. – Mit hierarchischer Autorität, Härte und Disziplinierung allein können in unserer Zeit diese notwendigen Kräfte nicht mehr zur Entfaltung gebracht werden.

## Gewährleistung der Führungsfähigkeit

Heute reicht die Legitimation für eine Aufgabe zum Beispiel durch Wahl, Berufung oder Kapitalbesitz nicht mehr aus. In jeder Führungsaufgabe muß angesichts der veränderten Bedingungen und insbesondere des zunehmenden Leistungswettbewerbs die Qualifikation für die gestellte Aufgabe die entscheidende Führungsprämisse sein.

Man kann selbstverständlich durch nachgewiesene Ausbildungsergebnisse und praktische Erfahrungen einen Führungsanspruch unterstützen. Letztlich geht es aber heute bei der Führung nicht nur um fachliche Qualifikation, sondern vielmehr um die menschliche Fähigkeit, Menschen und Aufgabenstellungen erfolgreich zu koordinieren. Diese Fähigkeit kann zu einem Teil gelernt werden – zu einem anderen Teil beruht sie auf Begabung. – Bei einer Analyse der notwendigen Erfolgskomponenten für eine bestimmte Aufgabenstellung werden wir deshalb, neben fachlichen Kenntnissen, insbesondere die Qualifikation zur Menschenführung als entscheidendes Kriterium herausstellen müssen. Dabei sei »Führungsfähigkeit« sowohl durch Eignung der Persönlichkeit als auch durch Beherrschung der Führungstechnik definiert. – Sollte vom Leser die Frage gestellt werden, welcher von beiden Führungsbestandteilen wichtiger ist, so möchte ich antworten, daß die Beherrschung der Führungstechnik unverzichtbar ist – daß aber das Vorhandensein der persönlichen Begabung zur Führung die dominierende Rolle spielt. – Diese Begabungen zu besitzen, ist ein Glücksfall. – Wir sollten aber auch wissen, daß die Begabung gefördert werden kann und daß viele Menschen diese Kompetenz besitzen, ohne es zu wissen. Es lohnt deshalb, die Fähigkeit zur Führung ebenso zu schulen wie andere Fertigkeiten. Am besten geschieht das in der praktischen Verantwortung!

Es ist leider zutreffend, daß die Führungsaufgabe immer schwieriger geworden ist. Die Verantwortlichen müssen heute eine Vielzahl von Fachgebieten koordinieren. Die nach meiner Auffassung aber entscheidende Herausforderung der Führung liegt nicht auf fachlichem, sondern auf menschlichem Gebiet. – Heute reicht es nicht mehr, mit Hilfe verliehener Autorität Anweisungen zu erteilen. Ein Vorgesetzter muß vielmehr in der Lage sein, seine Mitarbeiter durch seine fachliche und menschliche Autorität zu überzeugen! Sein Führungsstil und sein kooperatives Verhalten haben dabei großen Einfluß.

Zum Schaden der Leistungsfähigkeit unserer Gesellschaft ist dieser Sachverhalt als Folge hierarchischen Denkens noch nicht verstanden. Der Lernprozeß wird sicher auch deshalb verzögert, weil viele Vorgesetzte stolz sind auf ihre Weisungsberechtigung – und sie in entsprechend hierarchischer Weise zelebrieren. Macht schmeichelt der Eitelkeit des Menschen. Ihr Genuß und ihre Betonung wird aber auch ein Signal menschlicher Schwäche. Manchmal kündigt sich so die uralte Erfahrung an, daß Hochmut vor dem Fall kommt.

Insbesondere bei älteren und hochgestellten, verdienten Persönlichkeiten hat dieser Prozeß schlimme Folgen. Ihr Selbstverständnis ist oft geprägt von Erfolgen der Vergangenheit – deren Prämissen in unserer Zeit nicht mehr bestehen. – Ihr lang anhaltender Erfolg hat ihnen den Eindruck vermittelt, alles selbst am besten zu wissen und zu können. Ihre Selbstüberschätzung resultiert dann nicht nur in Arroganz, sondern häufig auch in abnehmender persönlicher Disziplin. Mit solchen Vorgesetzten einen kontroversen Dialog zu führen, stellt ein persönliches Risiko dar. In Wahrnehmung eigener Interessen verzichten seine Gesprächspartner dann auf die sachliche Meinungsbildung – und überlassen den Besserwisser seinem Schicksal. Für diesen mag das vertretbar sein – aber was geschieht dann mit dem Verantwortungsbereich?

Eigentum kann in unserer Zeit nicht mehr zur Führung legitimieren. Führungsverantwortung ist nur noch selten Privatsache. – So kann auch die Kontinuitätsverantwortung vom Inhaber der Macht im hohen Alter nicht mehr selbst gewährleistet werden. Verfassungen und Testamente sollten vorsorglich diese Fragen regeln! – Führung stellt nämlich nicht nur die wichtigste Komponente des Erfolges dar, sondern – wie die Geschichte belegt – auch das größte Gefahrenpotential. – Über diese Fragen muß erneut nachgedacht werden. Zuviele Schicksale sind von der noch unbefriedigend geregelten Führungsverantwortung betroffen.

Zur Sicherung der Führungsfähigkeit muß nach meiner Auffassung in Zukunft eine systematische Personalplanung in allen großen Organisationen wie Parteien, Verbänden, Kirchen, Gewerkschaften, Militär usw. beitragen. Leider ist aber anzumerken, daß die Personalarbeit derzeit nur selten mit der genügenden Sorgfalt betrieben wird. – Reicht die Erkenntnis der Verantwortlichen an der Spitze der Organisationen in bezug auf die Bedeutung der Personalarbeit nicht aus? Sind sie von der Vielfalt der Tagesarbeit so überfordert, daß sie die Prämisse der Führungskontinuität gar nicht wahrnehmen? Stehen sie sich mit ihrem Selbstverständnis gar selbst im Wege, die Nachfolge zu regeln? – Es muß jedenfalls festgestellt werden, daß derzeit nicht annähernd das Notwendige geschieht, um Führungskontinuität zu gewährleisten. – Diese Aussage möchte ich mit zwei Thesen verdeutlichen:

1. Leistungsorientierte und im Wettbewerb stehende Aufgabenbereiche, zum Beispiel Wirtschaft und Militär, bemühen sich intensiv um ihren Führungsnachwuchs.

2. Demokratisch verfaßte Organisation wie Parteien und Verbände verzichten sowohl auf eine Leistungsbewertung wie auch auf eine Führungsnachwuchsplanung. Ihre mangelhafte Sicherung der Führung bemerken sie zu spät.

Die heute übliche Praxis, mit Hilfe eines Personalberatungsunternehmens die Nachfolge zu sichern, stellt personaltechnisch nicht das Optimum dar. Die so gefundenen Kräfte bergen mancherlei unliebsame Überraschungen in sich! Sie benötigen zudem eine längere Einarbeitungszeit, die ihnen aber nur selten zur Verfügung steht. – Die eigene langfristige Personalarbeit im Bereich der Führungsnachwuchskräfte ist fraglos die bessere Lösung zur Sicherung der Führungskontinuität. – Im Bereich demokratisch verfaßter Organisationen kann und muß in der Zukunft vieles gebessert werden! Welche Folgen falsche politische Personalentscheidungen verursachen können, haben wir leidvoll erfahren. Aus dieser Situation keine Konsequenzen zu ziehen, wäre unverantwortlich. Die damit im Zusammenhang stehenden Fragen parteipolitischer Personalarbeit bedürfen der kritischen Überprüfung.

Gute Führungsnachwuchskräfte kann man nur gewinnen, wenn das Berufsbild überzeugend ist. Diese Voraussetzung besteht im politischen Bereich nicht! Das muß geändert werden. – Als einen in diesem Sinne weiterführenden Ansatz empfehle ich die Anwendung des Grundsatzes der Leistungsorientierung in der Politik – ähnlich wie er sich jetzt im Bereich des Staates durchsetzt. – Man darf in der Politik auch nicht alles der Intuition oder dem gesunden Menschenverstand überlassen. Vieles läßt sich systematisieren, messen und bewerten. – Wir begrüßen derzeit als Fortschritt, daß – der Not gehorchend – Politikern Grenzen ihrer Freiheit gezogen werden. Ich verweise auf die sich durchsetzende Begrenzung des Finanzspielraums durch Verfassungen oder Verträge. – In ähnlicher Weise müssen viele demokratische Prozesse im Sinne der Führungstechnik systematischer gestaltet werden.

In der Marktwirtschaft wurde im Zwanzigsten Jahrhundert überzeugend bewiesen, daß das Prinzip des Wettbewerbs auch zur Innovation der Methoden beitragen kann. – Für die Gestaltung der Führungstechnik gilt das ganz besonders! Die in der Wirtschaft verwendete Führungstechnik der Leistungsorientierung läßt sich auf andere Lebensbereiche in gleicher Weise übertragen. – Der entscheidende methodische Durchbruch ergab sich durch die neue Möglichkeit, alle Funktionen und Leistungen meßbar und bewertbar darzustellen. Von dieser Möglichkeit bis zur Auslösung des Wettbewerbs auch in der Demokratie und zwischen Demokratien ist es dann nur noch ein kurzer Weg.

Wenn wir den Mut hätten, alle politischen Entscheidungen plan- und meßbar zu gestalten, würde sich auch automatisch die fachliche Beurteilung der Verantwortlichen ermöglichen und durchsetzen. Dies wiederum würde den Auswahlprozeß politischer Führungskräfte enorm verbessern. – Die dann für alle erkennbare Notwendigkeit der Heranbildung demokratischer Führungsnachwuchskräfte wäre eine naheliegende Konsequenz. Sogar das für unsere Demokratie so gefährliche negative Image demokratischer Führung würde sich entscheidend verbessern. – Es besteht für mich kein Zweifel an der Durchführbarkeit der von mir vorgeschlagenen Systemänderung. Aber ich sehe auch, welche menschlichen Hindernisse einer solchen Fortschreibung im Wege stehen.

## Wiederherstellung der Steuerungs- und Wettbewerbsfähigkeit

Historisch betrachtet ist es noch nicht lange her, daß das Wissen der Menschheit von einzelnen, besonders Begabten beherrscht werden konnte. Die Kulturtechniken des Lesens und Schreibens und später des Buchdrucks erweiterten den Spielraum verfügbaren Wissens. In unserer Zeit werden durch die elektronischen Medien die Speicher- und Nutzungsmöglichkeiten, verbunden mit jederzeitiger Verfügbarkeit, geradezu unvorstellbar erweitert. – Die Folgen dieser neuen Möglichkeiten der Nutzung von Wissen zeichnen sich ab – aber sie sind noch nicht bewältigt. Die Vermutung scheint aber gerechtfertigt, daß sich die verschiedenen Kulturen in unserer Welt schneller verändern werden, als das je zuvor geschehen ist.

Langsam begreifen alle Gesellschaften, daß sie die sich abzeichnenden Möglichkeiten für Wirtschaft und Gesellschaft nutzen müssen. Die Erfahrung mit dem Einstieg in die Industrialisierung ist der Menschheit präsent. Die Neigung, vorhandene Kulturen und Besitzstände unverändert zu lassen, wird zurecht als Risiko begriffen. – Der einsetzende globale Lernprozeß wird in seinem Umfang und in seiner Radikalität eine für die Menschheit noch nie erlebte Herausforderung darstellen. Zusammen mit den heutigen technischen Möglichkeiten, zum Beispiel im Verkehrsbereich, wird die Ordnung der Kulturen nach geographischen Gesichtspunkten in Frage gestellt werden. Die Menschheit wird schon in wenigen Jahrzehnten sehr spürbar in einer gemeinsamen Welt leben. – Der Weg zu einer solchen Gemeinschaft verspricht aber nach den Erfahrungen der Menschheitsgeschichte, nicht einfach zu werden. Das Streben aller Kulturen nach Sicherheit und Fortschritt hat bisher keine adäquate globale Lösung gefunden, die eine zielgerichtete und friedliche Entwicklung verspricht.

Die geschilderten Entwicklungen in der Wissensvermittlung haben gravierende Auswirkungen auf alle Ordnungssysteme der Staaten – und, wie sich schon deutlich abzeichnet, auch auf das Selbstverständnis der Menschen. Der Freiraum der Menschen erweitert sich spürbar, ihre Wünsche, die neuen Möglichkeiten zu erfahren und zu nutzen, stellen zunehmend die überlieferten Formen und Werte in Frage. Der früher richtungweisende Charakter der Tradition wird mit Recht bezweifelt – aber der Weg zu neuen Zielen und Ordnungen zeichnet sich noch nicht ab. Ich denke, daß die Analyse der Kulturgeschichte uns helfen könnte, nicht allzu große Umwege zu machen.

Menschen wollen ihrer Natur nach an der Gemeinschaft teilnehmen. Sie wissen auch, daß Gemeinschaft

Führung, Werte und Ordnungen braucht. Aber wie sehen diese Strukturen der Gesellschaft in unserer Zukunft aus? Wie läßt sich mehr Selbstverwirklichung in unserer völlig überregulierten Welt gestalten? – Wir haben den dominierenden Einfluß der Führung und der Ordnungssysteme in der Geschichte erfahren. Die Gegenwart stellt uns die Frage, welche Ziele sich die Menschheit in einer globalen Gemeinschaft setzen sollte.

Neben dem Setzen neuer Ziele ist auch die Frage ihrer Umsetzung zu klären. Dabei taucht schon heute immer wieder die Frage nach der Führungsbefähigung auf. Ein charakteristisches Merkmal der Arbeitsweise unserer Führungskräfte ist in unserer Zeit ihre berufliche Überbelastung. Die Weiterentwicklung des Arbeitsstils der Verantwortlichen hat mit der Zunahme der Anforderungen nicht Schritt gehalten. Viele Vorgesetzte arbeiten immer mehr und bewältigen trotzdem ihre Aufgabe nicht befriedigend. Wir müssen begreifen, daß diese Entwicklung durch mehr persönlichen Einsatz nicht bewältigt werden kann. Im Gegenteil: Das wäre sogar extrem gefährlich, weil die Kraft zur Zukunftsgestaltung und zur rechtzeitigen Intervention bei Fehlentwicklungen dann nicht mehr ausreichend vorhanden ist. – Überforderte Führungskräfte führen falsch.

Die grundlegende Möglichkeit zur Lösung der Problematik heißt »Arbeitsteilung verbunden mit der Dezentralisierung der Führungsverantwortung«. – Dezentralisierte Funktionen können durch Spezialisierung und verbesserte Fachkenntnisse eine höhere Effizienz entwickeln. Ihre personelle Kapazität kann angepaßt werden, so daß Überlastungen nicht aufzutreten brauchen.

Daß aus dieser Methode der Delegation der Verantwortung auch Nachteile erwachsen, muß gesehen werden. Der Spezialist kann nicht die gleiche Auffassung von der Verwertbarkeit seines Leistungsbeitrages haben wie sein Vorgesetzter, der diese Leistung benötigt. Jeder Spezialist neigt dazu, sich für besonders wichtig zu halten und Ratschläge zu geben, die aufgrund ihrer Einseitigkeit nicht zielführend sind. Es liegt in der Verantwortung des Vorgesetzten, die Beiträge seiner Mitarbeiter und Spezialisten so anzufordern und einzusetzen, daß sie dem vorgegebenen Ziel entsprechen. – Die Verantwortung für die Koordination der Leistungsbeiträge ist aber eine gestaltbare Führungstechnik – und deutlich erfolgreicher als der Versuch, durch mehr Arbeit der Verantwortung gerecht zu werden.

Die Bewältigung der Koordinationsaufgabe kann aufgrund seiner Kenntnisse am besten der zuständige Vorgesetzte übernehmen. – Bei der Koordination der Interessen verschiedener Bereiche hat sich die Einrichtung eines Koordinationsausschusses bewährt. Ein solcher Ausschuß kann durch einen beauftragten Sprecher geleitet werden. Anweisungen sollte es in einem Koordinationsausschuß nicht geben. – Kommt es einmal nicht zu einer Einigung, so ist der Vorgang zur Entscheidung an die Führungsebene zurückzugeben, die den Ausschuß eingesetzt hat. – Erfahrungsgemäß geschieht das aber sehr selten.

Die Abgabe einer Teilverantwortung an eine unterstellte Führungskraft – oder einen Sachbearbeiter – setzt nicht nur den entsprechenden Sachverstand oder gute Lernfähigkeit voraus, sondern sie muß auch begleitet werden vom Vertrauen in die Persönlichkeit dessen, der die Aufgabe übernimmt. – Wir sollten nämlich nicht glauben, daß man in diesem Prozeß alle delegierten Vorgänge noch durch persönliche Kontrolle überwachen kann. Wenn sich das irgendwo als notwendig erweisen sollte, ist das Prinzip der Verantwortungsdelegation gescheitert. – Auch ein verfeinertes und gut funktionierendes Berichtswesen kann dieses für das Delegationsprinzip erforderliche Vertrauen nicht ersetzen.

Die entscheidende Voraussetzung für die Verwendung des Prinzips der Delegation der Verantwortung muß die bewiesene Identifizierung der Verantwortlichen mit ihrer beruflichen Aufgabenstellung sein. Nimmt jemand seine Aufgabe nicht ernst, oder zweifelt er an Zielsetzung und Sinn der Arbeit, so wird er auch der übernommenen Verantwortung schwerlich gerecht werden. Insbesondere im Fall von selbständigen Entscheidungen oder auch in Fragen der Qualität muß die notwendige Verläßlichkeit der Persönlichkeit des Verantwortlichen gegeben sein.

Ähnliche Vertrauensprobleme können auch durch das Verhalten des Vorgesetzten bewirkt werden. Verhält sich dieser nicht korrekt, oder mißachtet er zum Beispiel die Persönlichkeit seiner Mitarbeiter, so werden diese in ihrer Arbeitsweise ähnlich verfahren. – So wie der Vorgesetzte durch seinen Führungsstil das Betriebsklima entscheidend beeinflußt, so bestimmt er durch sein Vorbild das Ausmaß der führungstechnisch vertretbaren Verantwortungsdelegation.

Die voraussehbare Zukunft wird in allen Lebensbereichen ein hohes Maß von Verantwortungsdelegation erforderlich machen. Gelingt es uns nicht, die Prämissen dafür in der Einstellung der Menschen herzustellen, wird die Innovationsfähigkeit unserer Gesellschaft deutlich beeinträchtigt. – Wir sollten uns deshalb durch unseren Führungsstil schon heute auf die führungstechnischen Fundamente der Verantwortungsdelegation vorbereiten. Mit vermehrten Dienstvorschriften oder strengerer Disziplin können wir nach den Erfahrungen der Vergangenheit nicht die Erfolge erreichen, die sich durch Motivation und eine großzügige Delegation der Verantwortung erreichen lassen. – Die Vorgesetzten der Zukunft müssen deshalb stärker nach ihrer Befähigung zur Menschenführung ausgesucht werden.

Obwohl ich schon auf die Grenzen der Kontrollmöglichkeit durch das Berichtswesen hingewiesen habe, möchte ich aber doch betonen, daß im Zusammenhang mit dem Prinzip der Delegation der Verantwortung die obere Führungsebene in die Lage versetzt werden muß zu erkennen, ob Planabweichungen eintreten. Wir brauchen zwar Freiraum zum Erproben neuer Wege, aber diese neuen Wege müssen auch im Berichtswesen nachvollziehbar gestaltet werden. – Die Führungstechnik muß deutlich machen, daß Freiheit zur Gestaltung und ein funktionstüchtiges Berichtswesen notwendige Ergänzungen der gleichen Zielsetzung sind.

Im gesellschaftlichen Raum können wir heute das Entstehen der Bürgergesellschaft beobachten, deren Fundament die demokratische Überzeugung ist, daß jeder nach seinen Kräften zum Wohle der Gemeinschaft beitragen soll. – Diesen Prozeß muß auch die Wirtschaft anstreben, wenn sie die in der Zukunft erforderliche Kreativkraft und Leistungsfähigkeit aufbringen will. Gelingt diese

Transformation des Selbstverständnisses und des Verhaltens der Menschen, brauchen wir um unsere Zukunftsfähigkeit nicht besorgt zu sein.

Man mag darüber streiten, ob der Fortschritt in der Kultur der Menschen in erster Linie durch neue Erkenntnisse oder aber durch den Impuls des Wettbewerbs ausgelöst wird. Ich selbst setze auf beide Möglichkeiten! Aber während Fortschritte des Denkens, zum Beispiel durch die Intensivierung der Bildungsinstitutionen, mir nur begrenzt vorstellbar sind, sehe ich die Möglichkeiten des Fortschritts durch Wettbewerb in allen unseren Lebensbereichen als fast unbegrenzt an. – Die Wirtschaft hat in den letzten beiden Jahrhunderten sehr eindrucksvoll demonstriert, welche Innovationskraft durch Wettbewerb freigesetzt wird. Es erscheint mir in dieser Hinsicht kennzeichnend, daß alle westlichen Demokratien deshalb Wettbewerbseinschränkungen verbieten. Selbst sozialistische Staaten neigen neuerdings dazu, ihrer Wirtschaft durch die Einführung des Prinzips der Marktwirtschaft Impulse zu geben.

In den gesellschaftlichen Bereichen, die ursprünglich nur vom Staat verantwortet wurden, wie zum Beispiel soziale Absicherung, Bildung und Gesundheit, wurde die Anwendung des Wettbewerbsprinzips bisher kaum versucht. Man argumentierte, daß der Staat die Gleichheit der Rechte aller Bürger zu wahren habe und daß deshalb wettbewerbsbedingte Unterschiede nicht zulässig seien. Der Staat war zwar bemüht, durch seine Vorschriften einen guten Leistungsstandard zu gewährleisten und diesen durch Ordnungsprüfungen abzusichern. Aber als Anwalt des Fortschritts haben sich dabei die Staaten weniger verstanden. Ihre Ziele hießen vielmehr: gleiches Recht und Ordnungsmäßigkeit.

Es ist nicht zu bestreiten, daß die Staaten mit diesem früheren Aufgabenverständnis viel für die Menschheit getan haben. – Es ist heute aber auch offenbar geworden, daß diese Form der Aufgabenbewältigung durch den Staat den Fortschritt behindert und insgesamt die Wettbewerbsfähigkeit einer Gesellschaft bedroht. Der Ruf nach Privatisierung staatlicher Funktionen wird stärker, weil ganz offensichtlich das System bürokratischer Verwaltung zur Bewältigung von Innovationsprozessen ungeeignet ist. – Das System der »leistungsorientierten Führung« ist im Staat ebenso ein Fremdwort wie »Wettbewerb«.

Der große Rückstand der Entwicklung in vielen unserer Lebensbereiche zwingt aber doch zu der Frage, ob der Staat entweder in der Lage ist, innovationsfähige Führungstechniken, inklusive Wettbewerbsfähigkeit, zu erlernen, oder ob er besser einen wesentlichen Teil seiner Funktionen abgeben sollte. – Ich habe in Stadtverwaltungen in den USA gesehen, daß man dort beide Möglichkeiten verwendet. Ich meine, wir haben Anlaß darüber nachzudenken! Privatisierung darf nicht zu einem Dogma werden.

Den möglichen Einwand, daß Wettbewerb nur dort herzustellen ist, wo ein Markt besteht und dieser Angebot und Preise reguliert, lasse ich nicht gelten. Das Nichtvorhandensein eines Marktes ist zwar im Bereich vieler staatlicher Leistungen zutreffend – aber keineswegs unabänderlich. – Die schon heute zur Verfügung stehenden und erprobten Methoden der Leistungsmessung und Bewertung sind der Funktionsweise des Wettbewerbs in der

Wirtschaft völlig ebenbürtig – und in mancher Hinsicht sogar überlegen. In ungezählten Beispielen leistungsorientierter Führung in staatlichen Aufgaben ist die Funktionstüchtigkeit dieser neuen Möglichkeit im Sinne des Wettbewerbs erwiesen. Die zum demokratischen System gehörige Transparenz kann darüber hinaus auch die Bürger über die öffentlichen Funktionen sachkundig machen und damit korrigierenden politischen Einfluß auslösen. Ich wage sogar zu vermuten, daß diese Form eines denkbaren Wettbewerbs in der Gesellschaft wirksamer sein wird als die uns bekannte Steuerungsfunktion der Marktwirtschaft. – Es wäre eine gesellschaftlich interessante und herausfordernde Aufgabe, eine Prognose aufzustellen, wie sich die Leistungsfähigkeit demokratischer Staaten entwickeln würde, wenn die Grundsätze des Wettbewerbs auch in allen staatlichen Dienstleistungsfunktionen durchgesetzt würden.

## Kann auch die Demokratie leistungsorientiert führen?

Im westlichen Verständnis der Demokratie ist der Gedanke des Wettbewerbs durch ein Mehrparteiensystem fest verankert. In gleicher Richtung zielt auch die Gewährung der freien Meinungsäußerung und einer freien Presse. – Sind aber durch dieses Demokratieverständnis schon alle denkbaren Möglichkeiten des Wettbewerbs erschöpft?

Politik wird in der Demokratie von Menschen für Menschen gemacht. Die Verfassung der Staaten setzt einen Rahmen in bezug auf Rechte und Grundsätze. Diese Vorgaben lassen aber einen großen Freiraum, welcher von der Politik ausgestaltet werden muß. – Dieser Freiraum sollte von uns als Chance zur Systementwicklung verstanden werden. Denn gerade in unserer Zeit des Wandels erfahren wir sehr deutlich, daß alle Ordnungssysteme, in Abhängigkeit von den Anforderungen der Zeit und dem Selbstverständnis der Menschen, fortgeschrieben werden müssen. Wird das versäumt, ergeben sich Mißstände, wie wir sie als Folgen von fundamentalistischen Dogmen, aber auch im Bereich einer starren Verwaltungstechnik kennen.

Die neue Möglichkeit, meßbar und bewertbar zu führen, wurde im Vorhergehenden für den Bereich staatlicher Zuständigkeit dargelegt. – Wir sollten nun die Frage stellen, ob die Führungstechnik der Leistungsorientierung auch im politischen Raum vorteilhaft anwendbar ist. – Einige Hinweise auf diese Möglichkeit haben wir in den letzten beiden Jahrzehnten bekommen. – Die Gefahr, daß demokratische Politiker mehr Geld ausgeben als vorhanden ist, wird in vielen Staaten immer wieder dokumentiert. – Es ist verständlich, daß die Politik dem Bürger so viele Vorteile wie möglich zukommen lassen will – und vor lauter Engagement dabei vergißt, daß Wünsche unbegrenzt, Finanzmittel aber deutlich begrenzt sind! Die Wahl eines Auswegs über die staatliche Verschuldungspolitik ist naheliegend – man könnte fast sagen üblich. Die Folgen der daraus resultierenden späteren Verengung des politischen Handlungsspielraums und der korrigierend wirkenden Inflation werden dem Wähler nicht sofort präsentiert. Für eine ganze Reihe von Jahren kann man so »bürgernahe« Politik betreiben. Das Auslöffeln der Suppe überläßt man dann einer späteren Regierung – möglichst gestellt von der früheren Opposition. – Ein solches Verhalten ist politisch unredlich! Es muß die Frage erhoben werden, warum es nicht durch Gesetz bzw. die Verfassung verboten wird. – Die Antwort auf diese Frage lautet wohl, daß viele Politiker überzeugt sind, mit unkontrollierbaren Versprechungen und finanzpolitischen Manipulationen größere Wahlchancen zu haben als mit der manchmal bitteren Wahrheit. – Lange Zeit ist diese politische Praxis – in ihrem persönlichen Interesse und zum Vorteil ihrer Partei – erfolgreich gewesen. Die Bürger waren von der Komplexität des Vorgangs überfordert und glaubten, was sie erhofften. – Doch auch hier bestätigt sich die alte Erfahrung: »Lügen haben kurze Beine.« – Deutschland ist gerade dabei, das Lehrgeld zu bezahlen!

Angesichts dieser entmutigenden Erfahrungen ist bemerkenswert, daß es den Politikern in den USA gelungen ist, notwendige Konsequenzen für die Finanzpolitik zu ziehen: nämlich »sparen« und »keine Schulden machen«. Schon nach relativ kurzer Zeit hat sich dort gezeigt, daß die politische Selbstbeschränkung segensreiche Folgewirkungen für Handlungsfreiraum und notwendige politische Leistungen hat. In Europa sind wir noch nicht so ehrlich. – Die Prämissen für die Einführung des Euro forderten ein gewisses Maß an finanzpolitischer Solidarität – und sie drohten Sanktionen an. Die Praxis überzeugte aber leider schon nach kurzer Zeit nicht mehr. Wenn bei der ersten Zielverfehlung eines Landes sofort wieder eine straffreie Ausnahme genehmigt wird, stellt sich für die Bürger die Stabilität des Euro in Frage.

Politiker sind keine Idealgestalten! Sie reagieren menschlich wie ihre Wähler: im eigenen Interesse und zum Vorteil ihrer Partei. – Gegen menschliches Fehlverhalten helfen aber Gesetze – und zwar solche mit abschreckender Wirkung. – Die Disziplinierung im Bereich nationaler Verantwortung muß Europa noch lernen. – An diesem Beispiel jüngster Finanzpolitik in Europa wollte ich demonstrieren, daß in der politischen Arbeit handwerkliche Regeln beachtet werden müssen – wie in allen anderen beruflichen und privaten Tätigkeiten auch – und daß auch unsere Politiker ihr Berufsbild überprüfen müssen.

Für mich gibt es keinen Zweifel, daß wir viele politische Funktionen, wie zum Beispiel die Ausgestaltung der Kommunalpolitik, verbessern und normieren können. Mir ist auch kein Grund vorstellbar, warum wir das System der leistungsorientierten Führung, die sich in der Kommunalverwaltung eindrucksvoll bewährt hat, nicht auch in der Kommunalpolitik verwenden sollten. – Wir würden durch die jetzt gegebene Möglichkeit, Planungen und Ergebnisse meßbar und bewertbar zu gestalten, einen großen Lernprozeß bei den Kommunalpolitikern und in der Kommunalverwaltung auslösen. Anstelle des üblichen Jahresbudgets einer Stadt – das eher einem Zahlenfriedhof ähnelt – würden die Politiker im Berichtswesen die Soll- und Ist-Ergebnisse ihres Verantwortungsbereichs und ihrer Planungen erfahren. Diese Daten würden Fehler und Erfolge schnell erkennbar machen und entsprechende Korrekturen ermöglichen. – Derzeit ist es den Bürgern kaum möglich, ihre Politiker aufgrund der Berichterstattung in den Medien zu beurteilen. Es ist aber für jedermann leicht vorstellbar, daß die öffentliche Behandlung von kommunalen Quartalsergebnissen – ähnlich wie bei großen Aktiengesellschaften – zu einer deutlichen und nicht manipulierbaren Information über die Stadtentwicklung führen würde. – Eine solche Entwicklung hätte eine extrem positive Wirkung auf die Entwicklung der Leistungsfähigkeit der Kommunalpolitik – und würde zugleich das Image des demokratischen Systems erheblich aufbessern.

Wenn wir in dieser Richtung noch einen Schritt weiter denken und die in einer Stadt erzielten Ergebnisse im Rahmen eines Städtevergleichs betrachten, werden alle Beteiligten in der Stadt erfahren – was heute niemand weiß! –, ob die Leistungen der Kommunalpolitiker gut oder schlecht sind. – Und es wird den Bürgern bei Herstellung dieser immer wieder geforderten Transparenz klar werden, welche Partei oder welche Politiker die erzielten Ergebnisse zu verantworten haben.

Daß eine solche Führungspraxis nachhaltige politische Folgewirkungen haben würde, ist nicht in Frage zu stellen. Auf jeden Fall wären die Konsequenzen positiv sowohl im Interesse der Bürger, ihrer Stadt und des demokratischen Systems. – Der gravierende Mangel demokratischer Wahlentscheidungen, nämlich die Möglichkeit, die Bürger durch Versprechungen und rhetorische Eloquenz zu täuschen, würde sich dann in kurzer Zeit reduzieren! Die Wähler werden dann durch das Berichtswesen selbst erkennen, was sie von ihren politischen Vertretern und deren Äußerungen zu halten haben.

Die Anwendung des Systems der leistungsorientierten Führung in der Praxis der Demokratie würde mit Hilfe des möglichen Leistungsvergleichs Wettbewerb zu Erfolgen führen – und einen schnellen und grundlegenden Lernprozeß auslösen. – Man würde dann sogar endlich den bisher völlig vernachlässigten Stellenwert der politischen Führungsnachwuchsförderung begreifen.

## Die Bürgergesellschaft

Es liegt wohl in der Natur des Menschen, daß er Gemeinschaft sucht. Und Menschen spüren – und erfahren es immer wieder –, daß Gemeinschaft einer Ordnung und der Führung bedarf. – Ursprünglich ergab sich die Führung in der Form, daß der Stärkere entschied, was zu geschehen hatte. Dabei konnte dieser aus der eigenen Gruppe aufsteigen oder aber als Eroberer die Macht übernehmen. Der Inhaber der Macht bedurfte seinerzeit keiner weiteren Legitimation. Seine persönlichen Interessen und Einsichten entschieden über sein Verhalten. Die Interessen der Untertanen hatten einen eindeutig nachgeordneten Rang.

Die Zielvorstellungen der Herrscher waren menschlich verständlich: Sie waren egoistisch auf ihre Machterhaltung, Machtexpansion und ihren Ruhm ausgerichtet. – Die Stabilität der Herrschaft der Mächtigen erwies sich immer wieder als begrenzt. Ziele, die ihre Kraft überforderten, oder führungstechnische Unfähigkeit führten oft zum Scheitern ihrer Bestrebungen. In selteneren Fällen führte auch die Mißachtung der Lebensbedingungen ihrer Untertanen zum Aufstand, der ihre Herrschaft beendete.

Herrscher waren am Erhalt ihrer Position interessiert. Wer ihnen dabei half, war ihr Freund, wer sie in Frage stellte, wurde bekämpft. Die Bewahrung des Status quo wurde jedem Wandel vorgezogen. Denn Wandel bedeutete Risiko und bedrohte den Herrschaftsanspruch. Entsprechend wurden Veränderungen durch Gewalt oder geistige Überzeugungen abgelehnt.

Es ist leicht verständlich, daß eine auf Stabilität und Ruhe bedachte Herrschaft nur eine geringe Lernfähigkeit aufwies – und daß die Untertanen nur minimale Chancen hatten, ihr eigenes Los zu verbessern. Auswanderungen ganzer Bevölkerungsgruppen haben immer wieder die Verhältnisse der Menschen zu den Mächtigen und deren Ordnung charakterisiert. – Für die gegenwärtige Zeit ist daraus abzuleiten, daß Menschen mit ihrem heutigen Selbstverständnis den Obrigkeitsstaat ablehnen müssen – weil er ihren Interessen in keiner Weise gerecht wird. – Diese Aussage ist auch dann zutreffend, wenn die Führung einer Gemeinschaft in die Macht einer kleinen Gruppe gerät: Diese verhält sich zumeist nicht anders als der frühere »Herrscher«.

Für die Herrschenden waren ihre eigenen Bestrebungen eindeutig den Wünschen und Überzeugungen ihrer Untertanen übergeordnet. »Der Staat bin ich!« formulierte Ludwig XIV. in Frankreich – bestimmt mit voller persönlicher Überzeugung! Entsprechend wurden in Hierarchien die Staatsinteressen über die Bürgerinteressen gestellt. – Die aufgrund verschiedenster Bedrängnisse nach Amerika auswandernden Menschen waren aufgrund ihrer Erfahrungen überzeugt, daß sie unter diesen Bedingungen keine persönliche Chance haben würden. – Sobald sie aber eine neue Heimat gefunden hatten, entschieden sie gleichwohl dafür, daß sie Ordnung und Führung brauchten. Aber sie wünschten dabei so wenig staatliche Einflußnahme wie möglich. – Die Einwanderer in Amerika waren sehr wohl bereit, sich für das Gemeinwohl einzusetzen. Sie wußten, daß sie durch ihr eigenes freiwilliges Engagement die Grundlagen für ihren Staat selbst schaffen mußten. – Diese Überzeugung ist noch heute spürbar!

In Deutschland hat die Beziehung der Menschen zu Obrigkeit und Staat in diesem Jahrhundert einen grundlegenden Wandel erfahren. Hierarchische Ordnungen hatten bei der Wahl der Ziele und der Bewältigung gesellschaftlicher Aufgaben versagt. Nach dem folgerichtigen totalen Zusammenbruch überlieferter Denkgewohnheiten halfen uns nach dem Zweiten Weltkrieg insbesondere die Erfahrungen der amerikanischen und englischen Besatzungsmacht. Aus ihren demokratischen Überzeugungen lernten wir, neue Grundlagen einer staatlichen Ordnung zu entwickeln. Deutschland schickte sich an, zu einer Demokratie zu werden.

Das Verhältnis des einzelnen zu seinem Staat ist seinerzeit bei dem Umbruch in Deutschland mißverstanden worden. Freiheiten, welche die USA-Verfassung ihren Bürgern zusichert, wollten junge Menschen zwar auch bei uns in Anspruch nehmen. Aber sie glaubten das tun zu können, ohne Pflichten gegenüber ihren Mitmenschen und der Gemeinschaft zu übernehmen. Eine Erziehung zur Gemeinschaftsfähigkeit war damals, nach den Erfahrungen im Dritten Reich, tabu. Die damalige Avantgarde der Jugend prägte den Begriff der »Selbstverwirklichung« – und verstand darunter persönliche Freiheit unter Verzicht auf alle Formen und Regeln. Das Leitbild der eigenständigen Persönlichkeit wurde gesteigert zu Egozentrik und Rücksichtslosigkeit einer Ellenbogengesellschaft. – Die damals Verantwortung übernehmenden deutschen Politiker wollten eine Korrektur dieses falsch verstandenen

Liberalismus nicht vornehmen. Zu sehr wirkte noch die verheerende Wirkung des politischen Machtmißbrauchs und eines falsch definierten Gemeinschaftsbegriffes nach. Freiheit erschien als das wichtigere Gut. – Es erscheint mir für diese Entwicklung das Streben charakteristisch, daß wir uns bis zum heutigen Tage nicht entschließen konnten, in unserem Bildungswesen Richtlinien für die Jugenderziehung zu definieren. Nach dem Zusammenbruch hielt man es für fortschrittlich, der Jugend freizustellen, unabhängig und eigenständig ihren Weg zu finden. Heute wissen wir, daß diese Erziehungstheorie ein schwerwiegender Irrtum war. Wir haben die Jugend und das Bildungswesen überfordert.

In der Zeit des wirtschaftlichen Wiederaufbaus machte die junge deutsche Demokratie in guter Absicht folgenreiche Fehler. Nach Jahrzehnten des Leitbilds »Alles für Deutschland!« sollten nun im Rahmen der Demokratie die Dinge nach den Wünschen der Bürger geordnet werden. – Die Erfolge der damals zur Wirkung kommenden »sozialen Marktwirtschaft« ließen die Steuerquellen sprudeln, die politischen Parteien begaben sich frohgemut auf den Kurs des Wohlfahrtsstaates und der für den Erfolg der Parteien so hilfreichen Gefälligkeitspolititk. Die Bürger waren mit dieser Demokratie eine ganze Weile sehr zufrieden. Sie forderten weitere Wohltaten, mehr Freiheiten und schließlich auch weniger Pflichten. – Erst in unseren Tagen wurde ein politischer Korrekturprozeß eingeleitet (angesichts hoher Staatsverschuldung und leerer Kassen). Nun müssen zu einer Zeit, in der in Europa überwiegend sozialdemokratische Regierungen verantwortlich sind, gerade diese Politiker die für eine Demokratie schwierige Aufgabe übernehmen, im Interesse der Finanzierbarkeit ihrer Politik die Parteiprogramme und das ihnen zugrunde liegende Menschenbild zu reformieren.

Zur gleichen Zeit erleben wir heute aber auch ermutigende Anzeichen für die Bestätigung des demokratischen Grundgedankens. Die Bürger haben die Grenzen staatlicher Lern- und Führungsfähigkeit erfaßt – und beginnen nun selbst mit der Neuformierung ihrer Gesellschaftsordnung. Sie sind bereit, dafür ihre Zeit einzusetzen und auch Verantwortung zu übernehmen. – Während Staat und Politik noch in den Gewohnheiten hierarchischen und bürokratischen Denkens verharren, engagieren sich die Bürger – ermutigt durch das demokratische System und bestärkt selbst durch ihren Reformen einfordernden Bundespräsidenten Herzog!

Es ist eine schöne politische Erfahrung, wie nun in unserer Zeit Bürger in ihnen besonders naheliegenden Aufgabenbereichen, zum Beispiel in der kommunalen Verwaltung, Interesse zeigen und mitsprechen wollen. Dabei zeigt sich, daß sie kompetent und dazu bereit sind, verantwortlich die Gestaltung einzelner Vorgänge zu übernehmen. Die zahlreichen Aufgaben der Institutionen öffentlicher Dienstleistungen, wie zum Beispiel in Schulen und Krankenhäusern, bieten vielerlei Möglichkeiten, Rat zu geben und zu handeln. – Während die Verwaltungen üblicherweise die Ausrede zur Hand haben, über zu geringe Finanzmittel zu verfügen und ohnehin schon zuviel Arbeit zu haben, zeigen die Bürger, wie man Aufgaben besser lösen kann – auch ohne dabei zusätzliche finanzielle Mittel einzusetzen. Daß die Bürger im Rahmen dieses Engagements auch Lücken in der Versorgung ausfindig machen, ist ein weiteres positives Ergebnis ihres demokratischen Engagements. – Unsere Zeit erlebt, daß die Demokratie wieder beginnt, an der Basis zu leben. Unsere Bürger werden zu Demokraten.

Diese Entwicklung hin zu einer aktiven Bürgergesellschaft sollte vom Staat gefördert werden – insbesondere durch Gewährung von Freiräumen für Versuche und zum Lernen. Die Innovationsfähigkeit des Staates kommt so wieder in Gang.

Mit diesem Bewußtsein sollten wir den negativen Resultaten der Meinungsumfragen zur Beurteilung des demokratischen Systems begegnen. Denn wir wollen uns nicht täuschen, das schlechte Image unserer Demokratie zeugt von einem politisch gefährlichen Bild.

Die Gunst der Stunde führt nun zu einer interessanten politischen Gestaltungsmöglichkeit, die ich in Thesen formulieren möchte:

- Wir müssen unsere Ziele neu formulieren.
- Wir müssen lernen, zu sparen und Methoden zu verbessern.
- Die Parteien und das Bildungswesen müssen die Forderung der Eigenverantwortlichkeit der Bürger wieder durchsetzen.
- Die Bürger wollen sich wieder mit ihrem Staat identifizieren und übernehmen Verantwortung. – Sie empfinden: »Der Staat sind wir!«
- Engagement für die Gemeinschaft wird als ein Teil der Selbstverwirklichung verstanden.

Dieser politische Aufbruch muß als Chance zur Erneuerung und zum Lernen genutzt werden. Insbesondere unsere Politiker und staatlichen Institutionen müssen hier helfen. Wir alle aber müssen lernen, überkommene Ziele zu überprüfen und die Maßstäbe der Effizienz und der Wettbewerbsfähigkeit an unser Handeln anzulegen. Die überkommene Gewohnheit, die Richtigkeit staatlichen Handelns mit dem Prädikat »Ordnungsmäßigkeit« zu bestätigen, muß um die Bewertung der Leistungs- und Innovationsfähigkeit erweitert werden. Diese Kennziffern müssen den Vergleich mit entsprechenden Ergebnissen im Ausland aushalten.

Wir sollten auch erkennen, daß politische Führung in ihren Ergebnissen meßbar und bewertbar ist. – Daß zum Beispiel unsere Finanzpolitik seit langer Zeit vorwiegend der Notwendigkeit gerecht wurde, aufgrund politischer Fehlentscheidungen entstandene Löcher zu stopfen, war bekannt, – aber anscheinend folgenlos. Hier beginnt nun unter dem Druck leerer Kassen ein Lernprozeß. Regeln politischen Wohlverhaltens gibt es inzwischen in der Europäischen Union und entsprechend auch in Deutschland gerade für den Bereich der Finanzpolitik. – Die USA haben sich vor kurzem entschlossen, Schulden des Staates grundsätzlich zu verbieten. In anderen Worten: Auch für die Politik gelten Grundsätze, welche die Qualifikation ihrer Politiker bewertbar machen. Dieses Beispiel ist zu verallgemeinern: Wir haben erheblichen führungstechnischen politischen Nachholbedarf.

Man könnte daraus die Frage ableiten, nach welchen Grundsätzen nun die Reformen in Politik und Staat weiterzuentwickeln sind? – Zum Glück gibt es auf diese Frage heute klare und bewährte Antworten. – Das Prinzip des Wettbewerbs hat in der Wirtschaft Ineffizienzen und Fehlentwicklungen verhindert. Die Möglichkeiten, gleichartige Verfahren in Politik und Staat einzuführen, das heißt, auch dort leistungsorientiert und wettbewerbsfähig zu führen, sind vorhanden. Und nach vielerlei Versuchen in verschiedenen Tätigkeitsfeldern, die ich in der Bertelsmann Stiftung verantwortet habe, darf ich bestätigen, daß sich die Wirkungen des Wettbewerbs einstellen. Ich bin überzeugt, daß wir den entscheidenden Lösungsansatz für die Reformen in Politik und Staat gefunden haben.

Es wird nunmehr nicht mehr lange dauern, bis auch die Wähler aus den Medien erfahren, welche Regierungen in Europa oder aber auch in unserem Land erfolgreich waren – oder warum sie versagten. Ich vermute, daß der jetzt noch übliche riesige Aufwand für Wahlkämpfe eher dazu beiträgt, die Meinung der Wähler zu manipulieren, als ihnen tatsächlich hilfreiche Informationen zu vermitteln. Die von mir skizzierte Möglichkeit, das Handeln in Staat und Politik zu bewerten, wird auch bessere Voraussetzungen für die Wähler schaffen, ihre Stimme so zu vergeben, daß sie mit größerer Berechtigung politische Konsequenzen erwarten dürfen. Ich bin sehr zuversichtlich, daß die Konsequenzen der Sichtbarmachung politischer Leistungsfähigkeit den Wettbewerb im demokratischen System entscheidend verändern und maßgeblich verstärken werden. Besitzstände der Vergangenheit werden dann eine kürzere Lebensdauer haben.

In gleicher Weise möchte ich betonen, daß die Methodik des Leistungswettbewerbs auch im Bereich staatlicher Funktionen in großem Umfang möglich ist. Durch meine Stiftungsarbeit bin ich auf diesem Feld anhand von zahlreichen Beispielen hinreichend gut informiert, um voraussagen zu können, daß dieses neue System voll funktionstüchtig ist. – Ich freue mich besonders darüber, wieviel Zuspruch die Möglichkeit der leistungsorientierten Führung im Bereich des Staates sowohl bei den Verantwortlichen in der Führung als auch bei den Mitarbeitern findet. Die Möglichkeit, ihre Leistung zu messen und zu bewerten, ermöglicht erstmalig auch in diesem Bereich bei allen Beteiligten das Erlebnis der persönlichen Bestätigung durch den Erfolg.

Der Gedanke des Wettbewerbs ängstigt die Menschen dort nicht. Sie haben die Hoffnung, nunmehr sachgerechter und effizienter handeln zu können. Da die neue Systematik zugleich auch die Delegation der Verantwortung ermöglicht und befürwortet, werden in Zukunft viele Mitarbeiter im öffentlichen Dienst ihre Befähigung viel sinnvoller zum Einsatz bringen können. – Von den Mitarbeitern wird deshalb die Reform, weil sachgerecht und menschlich zugleich, überwiegend begrüßt. – Daß der Staat dann auch noch lernen muß, leistungsgerecht zu bezahlen, ist ein Prozeß, der so schwierig nicht zu bewältigen sein dürfte.

Die notwendige Systematik für die anstehenden Reformen ist also vorhanden und erprobt. Wir müssen nun die gewiß nicht einfache Aufgabe der Implementierung vorbereiten. – In unserer Zeit kann man in dieser Hinsicht sehr viel vom Ausland lernen. In bezug auf die Durchführung der Reformen wird die Nutzung von Auslandserfahrungen von großem Vorteil sein. Dort wird auf vielen Feldern dargestellt, zum Beispiel im Bereich des Bildungswesens, daß die neuen Verfahren wirksam sind. Das sollte auch uns Mut und Zuversicht vermitteln, die Reform unseres Staates in Richtung Leistungs- und Innovationsfähigkeit – und auch Kundenfreundlichkeit – in Angriff zu nehmen.

Bis zum heutigen Tage sind die Verhältnisse in Politik und Staat trotz der riesigen Kommentierung durch die Medien in Wirklichkeit für den Bürger bisher alles andere als transparent gewesen. Wenn wir dem Bürger jetzt klarmachen wollen, warum wir neue Ziele setzen und die Arbeitsweisen verändern wollen, sollten wir das am besten an Beispielen erläutern. – Der Hinweis auf das Ausland ist da ebenso hilfreich wie eine vergleichbare Entwicklung in der deutschen Wirtschaft, die dort unter dem Begriff der »Unternehmenskultur« stattfindet. Ich selbst habe das System der Unternehmenskultur über Jahrzehnte erprobt und darf aus dieser Erfahrung versichern, daß die Ergebnisse nicht nur in hohem Maße wettbewerbsfähig sind – sondern vor allen Dingen auch von Mitarbeitern und Führungskräften voll akzeptiert werden! Innerhalb der Ordnung der Unternehmenskultur wird viel weniger mit Zwängen und Disziplin geführt als vor allem mit Hilfe der Motivation der Beteiligten. Die dabei eingetretenen Erfolge für Kapitalgeber, Führungskräfte und Mitarbeiter sind überzeugend. – An diesem Beispiel aus der Wirtschaft können wir den Menschen gut verdeutlichen, welche Wirkungen wir mit den vorgeschlagenen Reformen im öffentlichen Bereich anstreben – und auch erzielen werden.

Ich wünschte mir, daß diese neue Systementwicklung im Interesse der Menschen bald in allen Lebensbereichen zur Anwendung gebracht würde. Bisherige alternative Lösungsvorschläge, wie zum Beispiel die »Drohung« mit Privatisierungen im öffentlichen Bereich, sind dann gegenstandslos, weil sie keinen Systemvorteil mehr bieten.

Als weiteres Beispiel zur Erläuterung möchte ich noch hinweisen auf unsere Versuche in der Bertelsmann Stiftung, leistungsorientiert und mit Hilfe von Leistungsvergleichen in Städten, Schulen, Krankenhäusern, Bibliotheken usw. zu führen. Die Möglichkeiten des Leistungsvergleichs haben dort zu vielen Betriebsverbesserungen geführt – vor allem aber auch zu neuen Führungsstrukturen. – Wir alle wissen, daß wir eine ausreichende Kreativität an der überlasteten Spitze großer Pyramiden nicht mehr erwarten dürfen. Die neue Führungstechnik macht es jetzt möglich, das Prinzip der Delegation der Verantwortung auch im Bereich des Staates anzuwenden! Insbesondere auch auf den unteren Ebenen kann – verbunden mit der Gewährung von Freiraum für Innovation – dort ein großes bisher nicht genutztes Kreativpotential erschlossen werden. Eine große Lernmöglichkeit durch die Auswertung der Leistungsvergleiche von gleichen Funktionen wird die dort Verantwortlichen überraschen. – Wir haben erfahren, daß jegliche Funktionen im Bereich des Staates meßbar und bewertbar gestaltet werden können und daß damit die Prämissen für das Wirksamwerden der schöpferischen Kraft des Wettbewerbs gegeben sind. – Besonders freue ich mich bei dieser Reform darüber, daß es in relativ kurzer Zeit möglich ist, die Menschen an ihre neue Freiheit und Gestaltungsmöglichkeit zu gewöhnen. Die Freude an der Arbeit nimmt durch die Möglichkeit der Mitsprache und das Gefühl, sinnvoller zu handeln, erheblich zu. – Ein schöner Erfolg im Hinblick auf eine humanere und innovationsfähige demokratische Ordnung.

Es ist noch anzumerken, daß bei all diesen Reformen bewußt immer der Dialog mit dem Leistungsempfänger, dem Bürger, gesucht werden muß. Für die Ermittlung seiner Meinung gibt es vielfältig erprobte Formen mit meßbaren und auswertbaren Ergebnissen. Der daraus mögliche Rückkopplungsprozeß auf das Verhalten demokratischer Instanzen und ihrer Institutionen ist eine wichtige Möglichkeit sachgerechten Marketings bzw. der Auswertung der Ergebnisse eines pluralen und wettbewerblichen Verhaltens.

Wettbewerb hat gegenüber der Wissenschaft und ihrem Bemühen um neue Erkenntnisse einen Vorteil: Wettbewerb löst mit seinen Folgen Handlungszwänge aus. – Ein Wirtschaftsunternehmen, das sich als nicht wettbewerbsfähig erweist, scheidet aus. – Wer in der Politik falsch führt, wird in der Zukunft aufgrund der besseren Wählerreaktion sein Mandat schneller verlieren. – In anderen Worten: Wettbewerb zwingt, den heute mit Recht kritisierten Reformstau zu beenden. – Man könnte entgegenhalten, daß dabei im Einzelfall auch Härten entstehen. Hier muß aber das Interesse der Gesellschaft den Vorrang haben. Härten sind durch Übergangsregelungen zu mildern. – Alle fortgeschrittenen Staaten dieser Welt fordern im Interesse ihrer Bürger die Durchsetzung von Wettbewerb. Sollten wir die Möglichkeiten, die uns der Wettbewerb im Bereich von Politik und Staat anbietet, nicht in gleicher Weise nutzen? – Im Interesse des Fortschritts und der Führungsfähigkeit in unserer Welt sollten wir darauf bedacht sein, die Impulskraft des Wettbewerbs vermehrt einzusetzen. Die Verfahren für seine Anwendung sind vorhanden. Wir müssen jetzt nur die Einsicht und den Mut aufbringen, die Möglichkeiten zu nutzen.

Vor einigen Jahren hat der Club of Rome aus gutem Grund die Frage nach der Führungsfähigkeit in unserer Welt aufgeworfen. Die ausgewerteten Antworten zeigten Möglichkeiten – aber auch mancherlei ungelöste Probleme. – Könnte der Gedanke der leistungsorientierten Führung und der Einführung von Wettbewerb die Überlegungen des Club of Rome ergänzen? – Könnten die Betrachtungen über das noch unerschlossene Potential der Bürgergesellschaft nicht auch ein weiterführender Beitrag zur Frage der Führungsfähigkeit der Menschheit darstellen? – Ich bin überzeugt, daß wir die Systematik kennen und beherrschen, menschlicher und erfolgreicher zu leben. Ich bin mir darüber hinaus sicher, daß diese Entwicklung von den Menschen schon bald als in ihrem Interesse liegend mit großem Engagement aufgegriffen wird. Selbstverständlich bedarf es bei einem solchen Umbruch viel Engagements, Führungsfähigkeit und Geduld. Aber das gilt für jegliche kulturelle Wende. – Bedeutet es nicht schon viel zu wissen, daß wir den Ausweg aus der heutigen Unvollkommenheit und Stagnation kennen?

# III Neue Ziele in der Welt der Arbeit

## Führungsfähigkeit entscheidet über den Erfolg

Alle Kulturen haben bestätigt, daß der Mensch aufgrund seiner Wesensart Gemeinschaft braucht und sucht. Die Kulturepoche nach dem Zweiten Weltkrieg brachte zu dieser These eine eindrucksvolle Bestätigung. – Nach Jahrhunderten hierarchischer und wenig lernfähiger Strukturen versuchte die Jugend unter der Zielsetzung »Selbstverwirklichung« herauszufinden, ob das Leben ohne die Regeln und Formen der Tradition nicht humaner sein könnte. – In der Tat erwies sich bei dieser Prüfung, daß die Inhalte von Überlieferungen nicht nur aus Bewährtem, sondern auch oft nur aus Gewohntem bestanden. So erwies sich manche Tradition lediglich als fortgeschriebener Besitzstand, der zwar von den Inhabern genossen und verteidigt wurde, ohne aber noch durch Sinn oder Leistungsfähigkeit legitimiert zu sein.

Unsere Jugend fand in relativ kurzer Zeit heraus, daß es auch Grenzen der Freiheit und der Formlosigkeit gibt, die zum Wohle des einzelnen und der Gemeinschaft nicht überschritten werden dürfen. – Diese Erkenntnis basierte auf der sehr einfachen Erfahrung, daß jedermann auf die Hilfestellung seiner Mitmenschen angewiesen ist – und zwar sehr häufig. Unterstützung bekommt jemand aus gutem Grund – aber nicht umsonst! Wer Hilfe erwartet, der muß auch selbst bereit sein zu helfen. – So lernte man, daß es besser ist, sich nicht von der Gemeinschaft zu isolieren, daß man vielmehr ihre Spielregeln beachten und einhalten soll. – Aus dieser Periode blieb aber auch die Erkenntnis, daß Kultur jederzeit auf ihre Gestaltung und ihren Sinn hinterfragt werden muß. – Kulturen sollten Bewährtes repräsentieren, welches das Leben der Menschen erleichtert. Sind die Vorgaben dazu ungeeignet, müssen sie in Frage gestellt werden. – Die ausgewogene Fortschreibung einer Kultur ist deshalb eine unverzichtbare Prämisse ihrer Beständigkeit.

So wie eine Gemeinschaft als Bedingung ihrer Existenz einer Ordnung bedarf, so benötigt sie auch zur Ausrichtung und Koordinierung ihrer Bestrebungen eine Führung. Die Menschheit hat das immer wieder erfahren – und ist durchaus bereit, eine Führung zu akzeptieren. – Dies um so mehr, als sich in der Geschichte immer wieder bestätigt hat, daß Führungslosigkeit Rechtlosigkeit und Gefahr zur Folge hat. – Im Stadium der Entstehung einer Gemeinschaft übernahm die Funktion der Führung meist der Mächtigste – häufig ganz einfach der Stärkste. – Heute verlangen die Menschen unter anderen Lebensbedingungen nicht nur Fähigkeiten des Führenden, sondern auch die Zustimmung der Geführten. – Die Vielfalt und Kompliziertheit gesellschaftlicher Funktionen erfordert in unserer Zeit die Verteilung der Verantwortung auf viele Schultern. Die Führung muß dabei, um erfolgreich zu sein, vom Vertrauen aller Verantwortlichen getragen werden.

Die Führungsaufgabe selbst verlagert sich zunehmend vom Gestalten auf die Funktionen der Zielbestimmung und der Koordination der Leistungsbeiträge. In unserer schnellebigen Zeit verändern sich auch die Bedingungen einer guten Führung schnell. Der daraus resultierende Lernprozeß im Hinblick auf die Gestaltung der gesellschaftlichen Ordnung kann oft mit den Anforderungen nicht Schritt halten. – Früher konnten Ordnungssysteme in langen Zeiträumen zu der wünschenswerten Leistungsfähigkeit entwickelt werden. Heute fehlt dazu oft die Zeit.

Vertrauensverlust und Unzufriedenheit stellen sich als Folge unzureichender Führungsfähigkeit ein. Für viele Menschen wird angesichts der heute bestehenden globalen Vergleichsmöglichkeiten schnell klar, wieviel für ihr persönliches Leben von einer humanen und funktionsfähigen Ordnung abhängt. Gerade die Bürger in der Demokratie schätzen es, daß sie durch ihren persönlichen Einsatz zur Fortschreibung der Führungstechnik beitragen können. Es ist ermutigend und interessant zu sehen, in welchem Umfang diese Bereitschaft existiert – und welche Wirkungen dadurch in der Struktur unserer Gesellschaft erzielt werden. – Die Menschen haben nach dem

Krieg ihre Hoffnung auf die demokratische Ordnung gesetzt. Alle sind aufgerufen und viele sind bereit, diese Ordnung zum Erfolg zu führen. In unserer Zeit erleben wir den Aufbruch zur Bürgergesellschaft.

Ich möchte jetzt untersuchen, welchen Einfluß die Führung einer Organisation auf die Bestimmung der Ziele nehmen sollte. – Die Bedeutung einer qualifizierten Führung wird allgemein als wichtiger Erfolgsfaktor anerkannt. Die Bedeutung der richtigen Zielbestimmung erfährt nicht die gleiche Aufmerksamkeit. – Die in unserer Zeit üblich gewordene strategische Zieldefinition hat bewiesen, daß die Verfolgung falscher Ziele einerseits eine Vergeudung von Zeit und Ressourcen darstellt und daß andererseits das rechtzeitige Erkennen der Notwendigkeit einer Zielfortschreibung außerordentlich hilfreich ist. – Für die Zielentwicklung besitzt die Führung zumeist die beste Qualifikation. Sie darf dabei aber nicht nur auf ihre Erfahrungen aus der Vergangenheit zurückgreifen, sondern muß bemüht sein, die in der Zukunft einwirkenden Faktoren frühzeitig zu antizipieren. Die heute vorhandenen globalen Beobachtungsmöglichkeiten schaffen für solche Lernprozesse und Prognosen erstaunlich gute Voraussetzungen.

Nicht minder wichtig erscheint mir die Einschätzung der Entwicklung menschlichen Selbstverständnisses und menschlicher Zielvorstellungen. Vergegenwärtigt man sich die Veränderungen, die in diesem Bereich im Verlauf des Zwanzigsten Jahrhunderts stattgefunden haben, wird einem die Spannbreite des Veränderungspotentials deutlich. – Wer dennoch nicht versteht, daß er sich um die Fortschreibung seines Zielverständnisses zu bemühen hat, macht sich das Leben schwer und gefährdet am Ende seine Existenz.

Angesichts der noch immer zunehmenden Abhängigkeit der Führenden – auch in der Politik – von den Vorstellungen ihrer Kunden und Mitarbeiter, müssen Zielsetzungen der Zukunft gesellschaftliche Zustimmung finden. – Die früher üblichen Kriterien der »Gewinnmaximierung« und des »Shareholder value« in der Wirtschaft werden dieser Anforderung schwerlich gerecht.

Im politischen Bereich haben wir uns vorrangig mit der Tatsache zu beschäftigen, die Welt als Einheit zu sehen und die Bestrebungen der Nationalstaaten entsprechend zu koordinieren. – Als zweites wichtiges Ziel sehe ich die Verbesserung des demokratischen Systems durch systematische Entwicklungsarbeit. – Es ist nach meiner Auffassung erstaunlich und unvertretbar, wie wenig in der Demokratie an der Aufgabe der Methodenentwicklung gearbeitet wird. Begreift man die Bedeutung dieser Aufgabe nicht? Oder haben Politiker dazu keine Zeit? – Ich bedauere, daß man die Bedeutung und das Potential der politischen Systementwicklung nicht erfaßt hat. – Ich sehe ein, daß viele drängende Fragen, wie die Funktionstüchtigkeit des Arbeitsmarktes oder notwendige soziale Absicherungen, die Politik belasten. Im Sinne der Zukunftsbewältigung muß sich die Politik aber nun dringlich das Ziel setzen, ihre eigene Arbeitsweise zu rationalisieren. Dies gilt insbesondere für die Verbesserung der Personalarbeit in Parteien und Regierungen.

Mit ähnlicher Zielsetzung und gleicher Begründung rate ich auch an, darüber nachzudenken, ob die gegebene Überlastung der Top-Führungskräfte nicht in Wirklichkeit eine schlimme Ressourcenvergeudung darstellt. – Diese Leute brauchen unbedingt Zeit, über Ziele, Strategien und Methoden nachzudenken. Langfristig ist das ungleich erfolgreicher als die mühsame Bewältigung der Tagesroutine. – Die Entwicklung der Zukunftsaufgaben und Ziele darf man nicht an »Experten« delegieren. Die oberste Führung muß sich hier mit ihrer Kompetenz engagieren. Darin liegt vorrangig ihre Verantwortung.

Nach der Bestimmung der Zielsetzung einer Organisation möchte ich nun Stellung nehmen zur Handhabung ihrer Führung. – Es obliegt der Führung, notwendige Maßnahmen zur Zielerreichung zu planen und durchzusetzen. Dabei bestimmt die Rangfolge der Einflußfaktoren das Vorgehen. – Vor noch nicht langer Zeit glaubte man, daß »Kapital« und »Arbeit« die entscheidenden Wirkungsfaktoren in der Wirtschaft seien. – Ich selbst halte diese Auffassung nicht nur für überholt – sondern für gefährlich irreführend! Die enorme Entwicklung der Wirtschaft in den letzten beiden Jahrhunderten beruhte ursprünglich keineswegs auf der Existenz von Kapital, sondern vielmehr auf der Initiative kreativer Unternehmer. – Der Unternehmer koordinierte die benötigten Wirkungsfaktoren – darunter auch das sich durch seine Tätigkeit bildende Kapital –, so daß der im Markt bestehenden Nachfrage optimal entsprochen werden konnte. Da nach unserer Rechtsordnung die Verfügungsrechte an Eigentum, für diesen Fall also an das Kapital geknüpft sind, bürgerte sich die Annahme ein, daß die Führung in der Wirtschaft durch das Kapital erfolge. Welcher Irrtum sich hier ergeben hat, wird in unserer Zeit durch die zunehmende Tätigkeit der Kapitalverwalter deutlich demonstriert. Die weitaus größte Menge des existierenden Kapitals wird seit langer Zeit gar nicht mehr von seinen Eigentümern eingesetzt – weil diese dazu gar nicht in der Lage wären. Heute suchen vielmehr die Eigentümer des Kapitals Institutionen, die ihr Geld in gewinnversprechenden Investitionen anlegen. Nicht mehr das Kapital ist der erfolgsentscheidende Wirkungsfaktor, sondern der initiative und kreative Unternehmer.

Diese gedankliche Ableitung ist von Belang für jedes neue Vorhaben. Die entscheidende Prämisse ist immer das Vorhandensein einer befähigten Führung. – Das benötigte Kapital ist auch weiterhin ein notwendiges Werkzeug – das man heute aber beschaffen kann – wie die vielen anderen benötigten Ressourcen auch.

Der im Sprachgebrauch der Formel »Kapital und Arbeit« an zweiter Stelle genannte Wirkungsfaktor »Arbeit« hat im Verlauf unseres Jahrhunderts an Bedeutung zugenommen. Er könnte bald den Rang des Kapitals in Frage stellen. – Der Faktor »Arbeit« charakterisiert die in abhängiger Stellung beschäftigten Menschen. Während diese zu Beginn der Industrialisierung vorwiegend schematische Arbeiten ausführten, hat sich durch die Entwicklung der Technik die Routine immer mehr auf Maschinen und Roboter verlagert. Die Funktion der arbeitenden Menschen dagegen entwickelte sich immer mehr in Richtung einer steuernden oder spezifischen Tätigkeit. Viele Mitarbeiter können heute Funktionen übernehmen, die früher eher der Führung zugeschrieben wurden. – Bei der Standortwahl für neue Investitionen gewinnt deshalb das Vorhandensein einer solchen Gruppe von Mitarbeitern ein immer deutlicheres Gewicht. In ihrem Selbstverständnis nähern sich diese deutlich mehr den Führungskräften.

Aus vielen historischen Beispielen ist uns der Einfluß der Motivation auf das Verhalten der Menschen deutlich. Ich verweise auf außergewöhnliche Entwicklungen im Bereich der Religionen, der Politik, der Forschung usw. Dort behielt im übertragenen Sinne das Sprichwort recht: »Der Glaube kann Berge versetzen.« – Der negative Einfluß unzureichender Motivation hat sich umgekehrt in gleicher Weise manifestiert. Hoffnungslose verlieren den Rest ihrer Kraft – Menschen ohne Orientierung und Ziel werden mutlos.

Diese psychischen Einflüsse spielen auch in einer Organisation eine wichtige Rolle. Ich verweise auf Motivationsbeispiele aus der Geschichte der Marktwirtschaft:

– Der Unternehmer war ursprünglich hochmotiviert und angetrieben durch seine Chance zur Gestaltung und den möglichen finanziellen Erfolg.
– Der Kapitalgeber bemüht sich durch seine Anlagestrategie um die Optimierung seiner Gewinnchance.
– Dem Faktor Arbeit hingegen gelang es in dieser Phase nicht, seine Interessen wahrzunehmen. Er entschied sich zur »negativen« Motivation, das heißt für die Opposition und den Kampf um Gerechtigkeit.

Die heutigen Arbeitsbedingungen werden vom globalen Wettbewerb und dem Bemühen um Fortschritt geprägt. Fortschritt verlangt die Fähigkeit, neue Wege zu finden. Unter den gegenwärtigen Bedingungen betrifft diese Forderung nicht nur den Mann an der Spitze der Organisation, sondern nahezu alle Führungskräfte und einen Großteil der Mitarbeiter. Wenn die Menschen sich mit der Zielsetzung ihrer Organisation und dem Verhalten der Führung identifizieren, vervielfacht sich ihre Leistungsfähigkeit. – Diese Prämissen herzustellen ist deshalb eine dringliche Aufgabe der Führung. Ihr Führungsstil muß geprägt sein durch Kooperationsbereitschaft und Menschlichkeit! – Das Verhalten der Führungskräfte entscheidet, ob das Betriebsklima durch Motivation oder Opposition bestimmt wird. Die Identifizierung aller Beschäftigten mit der Organisation zu erreichen ist ein notwendiger Leistungsbeitrag der Führung. Das Gelingen dieser Aufgabe bestimmt das Ausmaß des Erfolges der ganzen Organisation.

Zum Prozeß der Identifizierung der im Unternehmen Tätigen muß auch das Kapital einen Beitrag leisten. – Wenn Leistung, Qualität und Erfolg derer, die dafür gearbeitet haben, keine Anerkennung finden, wird das als ungerecht empfunden. An dieser Frage der Gerechtigkeit kann sich entscheiden, ob die Mitarbeiter »Dienst nach Vorschrift« tun, oder ob alle bemüht sind, ihr Bestes zu geben. – Der Nobelpreisträger Milton Friedman stellte dazu einmal fest, daß alle Vergünstigungen für Mitarbeiter, die über die vereinbarten Regelungen hinausgehen, einem Betrug an den Aktionären gleichkommen. – In einer Frühphase des Kapitalismus konnte man so denken. Aber auch heute noch? – Damals war die Zielvorstellung der Arbeit charakterisiert durch die Befriedigung der Erwartungen der Aktionäre. – Heute sieht die Rangfolge der Wirkungsfaktoren anders aus – auch wenn die Rechtsprechung das noch nicht nachvollzogen hat. – Nach meiner Auffassung hat auch das Kapital – wie die anderen Wirkungsfaktoren – einen Beitrag zum Erfolg der Wirtschaft zu leisten. Das Kapital wäre im eigenen Interesse gut beraten, wenn es durch seine Entscheidungen zur Motivation von Führung und Mitarbeitern beitragen würde. Finanzielle Anerkennung besonderer Erfolge in Form von Prämien oder Gewinnbeteiligung ist ein mögliches Beispiel solchen Verhaltens. Das Kapital muß begreifen, daß auch »Motivation« ein Wert ist, in den man heute investieren muß. – Die finanzielle Anerkennung von Erfolgen bedeutet deshalb keine »unnötigen« Kosten – sondern einen notwendigen Beitrag des Kapitals zur Leistungsfähigkeit des Unternehmens.

Ich möchte jetzt auf einen anderen Aspekt der Führung eingehen, der bisher in der Führungstechnik noch nicht die gebührende Beachtung gefunden hat. Es geht mir um die Frage, ob ein Unternehmen oder seine Führung für die Kontinuität seiner Existenz Verantwortung zu übernehmen hat. – Da nach gültigem Recht das Kapital in solchen Grundsatzfragen zu entscheiden hat, scheint es angebracht, die Begründungen solcher Kapitalentscheidungen zu analysieren.

Gerade in unserer Zeit des Wandels wird aus den Medien täglich deutlich, daß bestimmte Leistungen nicht mehr gebraucht und andere neu entwickelt werden müssen. Man kann solch einen Vorgang beispielsweise erkennen an der Schließung des veralteten und der Gründung eines neuen Betriebes. Verbunden mit diesem Prozeß sind nun aber gesellschaftliche Vorgänge, welche die Vertreter des Kapitals nur am Rande, die vom Wechsel betroffenen Mitarbeiter aber gravierend berühren. – Daß im Interesse der Gesellschaft Flexibilität in der Wirtschaft erforderlich ist, wird zum Glück nicht mehr bestritten. Daß aber das

Kapital im Rahmen seiner Rechte und Interessen in solchen Fällen Verantwortung zu übernehmen hat, muß noch erfaßt werden. – Jeder der drei Einflußfaktoren – Führung, Kapital und Arbeit – hat in unserer Zeit einen Beitrag zum Erfolg zu bringen – so wie er am Erfolg beteiligt werden sollte. – Wir müssen diese Zusammenhänge noch besser begreifen. Denn bei allem notwendigen Fortschritt und der Bejahung von Flexibilität dürfen uns die anzuwendenden Modalitäten nicht gleichgültig sein. – Es geht hier um menschliche Schicksale und um materielle Auswirkungen.

Ich bin der Auffassung, daß die Führung bei solchen Entscheidungen die Verantwortung dafür zu übernehmen hat, daß sowohl das Mögliche für die Kontinuitätssicherung des Unternehmens getan wird wie auch die Umstrukturierungen in bezug auf die Mitarbeiter menschlich gehandhabt werden. – Daß das möglich ist, steht für mich außer Frage. Die Führung muß es aber auch wollen und beim Kapital dafür Verständnis finden.

Das Kapital sollte aus Überzeugung mitarbeiten: Die Kooperationsbereitschaft der Mitarbeiter ist heute ein wichtiger Aktivposten in einem Unternehmen.

Die Umstrukturierung ganzer Unternehmen ist für die Öffentlichkeit ebenso wahrnehmbar wie deren Standortwechsel. Die Presse reagiert, das Unternehmen muß sich erklären. – Weniger auffällig sind die vielen kleinen Veränderungen, die sich betriebsintern aus der Rationalisierung und der fortschreitenden Spezialisierung ergeben. – Für Mitarbeiter, die Aufgaben im Sinne der Delegation der Verantwortung in eigener Zuständigkeit übernehmen, ergeben sich bei solchen Umstellungen kaum Probleme. Diese Mitarbeiter beginnen, sich zur Gruppe der Verantwortungsträger und Führungskräfte zu rechnen. Ihre Motivation wird dadurch eher gestärkt. – Auf der unteren Ebene der Hilfskräfte bleibt aber wohl auf Dauer eine große Gruppe von Menschen, die dort auch bei fortschreitender Automatisierung benötigt werden. Es liegt in der Natur dieser Aufgabenstellung, daß von diesen Hilfskräften eine hohe Flexibilität im Hinblick auf ihren Einsatz erwartet werden muß. Dabei stellt sich die Frage, ob und wie eine menschliche Lösung dieses Beschäftigungsproblems angestrebt werden kann. Der gängige Vorschlag, Beschäftigungsprobleme durch Ausbildungsprogramme zu lösen, klingt fortschrittlich, ist aber nur zum Teil realistisch. Wir haben inzwischen deutlich erfahren, daß es für die Ausbildungsfähigkeit Grenzen gibt.

Ich sehe aber zwei Wege, die in dieser Situation hilfreich sein können:

1. Auf regionaler Ebene und in Kooperation der Arbeitgeber können Hilfskräfte sehr viel besser disponiert werden. Neue Institutionen der Arbeitskräftevermittlung weisen uns hier den Weg.

2. Die Arbeitgeber sollten die Erkenntnis nutzen, daß motivierte Menschen bessere Leistungen erbringen und eher zum Wechsel des Arbeitsplatzes bereit sind. Eine solche Einstellung zu schaffen, ist im Sinne der Unternehmenskultur möglich – und sollte von jedem Arbeitgeber genutzt werden. – Dabei sollten wir die Erkenntnis berücksichtigen, daß das Betriebsklima in erster Linie immer durch den direkten Vorgesetzten bestimmt wird. Diese Tatsache gilt auch für Hilfsar-

beiter in bezug auf ihre Gruppenleiter oder Vorarbeiter. Diese müssen nach ihrer Fähigkeit ausgewählt werden, mit Menschen kooperativ umzugehen. Es kommt darauf an, auch den Hilfsarbeitern das Gefühl vom Sinn ihres Einsatzes zu vermitteln. Auf eine solche Einstellung sollte das Unternehmen sowohl aus Gründen der Leistungsfähigkeit als auch der Menschlichkeit Wert legen. – Durch eine entsprechende geeignete Personalarbeit bei der Führung der Hilfskräfte ist es möglich zu verhindern, daß mit den Hilfskräften eine Menschengruppe in der Wirtschaft heranwächst, die nicht mehr zur betrieblichen Gemeinschaft gehört. Wir haben in der Vergangenheit gelernt, daß Menschen in Isolierung und Hoffnungslosigkeit ein großes Gefahrenpotential darstellen. Im Rahmen der Zielsetzung eines Unternehmens und seiner Unternehmenskultur muß diese menschliche Aufgabe verstanden und gelöst werden.

Das Vorhandensein einer kompetenten Führung kann nicht durch die Einstellung benötigter Kräfte bei Bedarf gewährleistet werden. – Die Planung der Führungskräfte hat in Abstimmung mit der langfristigen Unternehmensplanung zu erfolgen. – Eine sorgfältige Auswahl und Förderung der Führungskräfte gehören ebenso dazu wie ihre mittelfristige Einsatzplanung. – Die Verantwortung für die Planung der Führungsnachwuchskräfte verlangt spezifische und unternehmerische Erfahrung und sollte von einer erfahrenen Führungskraft verantwortet werden.

Die Führungskräftebedarfsplanung gibt die Entwicklung des personellen Bedarfs auf allen Führungsebenen wieder. Sie ist auch die quantitative Grundlage für die jährliche Einstellung von Nachwuchskräften. – Für alle Führungskräfte muß eine Laufbahnplanung bestehen, die Entwicklungen der Qualifikation und Änderungen der Bedarfsplanung berücksichtigt. Auf diese Weise ist es möglich, Führungskräften auf Anfrage verläßliche Prognosen über ihre Aufstiegsmöglichkeiten im Unternehmen zu geben. Solche Perspektiven sind gerade bei vielversprechenden Führungskräften von Bedeutung, wenn diese selbst Veranlassung sehen, ihre Laufbahnplanung zu überprüfen.

Das System der Führungskräfteplanung erfordert Sachkenntnisse und Anstrengungen – die aber der Mühe wert sind. Ich glaube nicht, daß die Aufgabe durch die Inanspruchnahme einer Personalagentur langfristig zu befriedigenden Resultaten führt. – Es ist zu bedenken, daß die Integrierung einer neuen Führungskraft in das Unternehmen oft nur einen Teil des spezifischen Könnens ersetzt. Das für ein erfolgreiches Wirken erforderliche Wissen um die fachlichen und personellen Besonderheiten des eigenen Unternehmens muß dann erst noch – und oft mit erheblichem Zeitaufwand – erworben werden. – Die Möglichkeit, sich in einem externen Bewerber zu irren, ist zudem verständlicherweise auch wesentlich größer als bei einer im eigenen Betrieb aufgewachsenen Persönlichkeit.

Während in der Wirtschaft der von einer Führungskraft erzielte Erfolg ein brauchbarer Indikator für seine Führungsfähigkeit ist, bestehen diese Voraussetzungen bisher bei vielen anderen Aufgabenstellungen nicht. Angesichts der Bedeutung der Führung für den Erfolg ist deshalb die

Verwendung des Prinzips der leistungsorientierten Führung dringlich zu empfehlen. Es charakterisiert am besten die Qualifikationen einer Persönlichkeit für Führungsaufgaben.

Für die Vergütung der Führungskräfte müssen in Zukunft andere Kriterien gelten! Einkommenserhöhungen in Parallelität zum Berufsalter sind nicht mehr diskutabel. Statt dessen sollten Führungskräfte überwiegend durch erfolgsabhängige Regelungen vergütet werden. – Die besondere Belastung von Führungskräften rechtfertigt zeitlich begrenzte Mandate und die Vereinbarung vorsichtig bemessener Altersgrenzen.

In unserer Zeit weitgehender Liberalisierung ist es strittig geworden, ob man von einer Führungskraft ein vorbildliches Verhalten fordern darf. Aus Gründen der für die Menschenführung unverzichtbaren Autorität plädiere ich aber entschieden für den Verhaltensmaßstab des Vorbilds. – Eine Beliebigkeit im Umgang mit unterstellten Mitarbeitern beeinträchtigt deren Motivation und erschwert damit die heute notwendige Delegation von Verantwortung. – In unserer Zeit stehen uns viele neue Formen und Instrumente der Führungstechnik zur Verfügung. Trotzdem gilt nach meiner Überzeugung weiterhin, daß die Persönlichkeit des Vorgesetzten für seinen Erfolg die wichtigste Voraussetzung ist. – Diese Aussage gilt in allen gesellschaftlichen Bereichen.

Eine führungstechnische Besonderheit unserer Zeit ist die Zunahme der Aufgaben und ihres Schwierigkeitsgrades. Durch Dezentralisation der Zuständigkeiten kann in dieser Hinsicht manches verbessert werden, insbesondere in bezug auf die Gewährleistung der Innovationsfähigkeit einer großen Organisation. – Auch die Spezialisierung von Fachwissen ermöglicht die Einbringung neuer Erkenntnisse. Es bleibt aber eine nicht delegierbare und immer wichtiger werdende Aufgabe der Führung, die Leistungsbeiträge und Empfehlungen der Teilfunktionen im Sinne der Unternehmenszielsetzung zu koordinieren und zur Wirkung zu bringen. – Die Funktion der Koordination wird heute in verschiedensten Formen wahrgenommen, zum Beispiel in Führungsbesprechungen, Koordinationsausschüssen und neuerdings auch an »runden Tischen«. Während es bei einfachen Sachverhalten früher üblich und auch richtig war, daß der jeweils übergeordnete Vorgesetzte im Sinne der Unternehmerfunktion entschied, verbietet sich heute manchmal diese Arbeitsweise. Große Aufgabenbereiche mit vielen zu koordinierenden Sachverhalten sind so spezifisch und komplex, daß auch ein überragend begabter Mensch eine alleinige Verantwortung dafür nicht mehr übernehmen kann – und darf!

Ich vermute, daß sich diese Behauptung zuerst in unserem politischen Raum bestätigen wird. So komplexe Themen wie »Arbeitsmarkt« und »Gesundheitswesen« verlangen mehr als Verhandlungsgeschick. – Eine abschließende Entscheidung des Koordinationsvorgangs kann man nicht mehr wie früher durch politische Anordnung erreichen. – Als Lösungsmöglichkeit sehe ich nur eine auf guter Sachkenntnis und Kooperationsbereitschaft beruhende, weiterentwickelte Koordinationsprozedur. – Die jetzige Verfahrensweise in Verhandlungsrunden, die bis zur Erschöpfung aller Teilnehmer ausgedehnt werden, sind nicht sachgerecht. – Die relativ beste Antwort für große Koordinationsaufgaben scheinen mir in unserer Zeit die Niederländer mit ihrer »Stiftung für Arbeit« gefunden zu haben. Dort werden von ständig tätigen Stäben der Interessengruppen die Prämissen einer Lösung geklärt und auf gemeinsame Möglichkeiten zur Verständigung hin untersucht. Erst wenn dieser Vorgang mit dem Nachweis alternativer Lösungen abgeschlossen ist, werden die Vertreter der Interessengruppen zur Abstimmung eingeladen. – Die bisher bekannten Ergebnisse des Verfahrens sind außergewöhnlich überzeugend. Hier könnte sich eine Koordinationstechnik abzeichnen, die auch für andere gesellschaftliche Bereiche von Bedeutung wäre.

Es bleibt zu dem Problem der Koordination noch anzumerken, daß viele Koordinationsnotwendigkeiten aus der Unvereinbarkeit von Zielsetzungen resultieren. – Es lohnt deshalb in jedem Fall darüber nachzudenken, ob die von den Interessenvertretern verfolgten Ziele im Sinne der Gesellschaft überhaupt akzeptabel sind. Wenn jede Interessenvertretung immer nur den größten Vorteil für sich beansprucht und sich nicht kompromißbereit zeigt, stellt sich die Frage, ob hier wirklich gesellschaftlich vertretbar verhandelt wird. – Solchen Verhandlungspartnern ist im Interesse der Gesellschaft klar zu machen, daß das Wohl der Gemeinschaft Vorrang vor Einzelinteressen haben muß. So wie die Gesellschaft Monopole nicht tolerieren kann, darf sie auch nicht dem Diktat von Interessenvertretungen ausgesetzt werden.

Die Klärung der Grenzen der Verhandlungsmacht einer Interessengruppe und entsprechende Koordinationsverfahren bedürfen noch der rechtlichen Klärung und Fortschreibung. – Wir haben in den letzten Jahrzehnten immer wieder erfahren, daß selbst unsere verfassungsrechtlich geschützte Tarifautonomie zu mancherlei fragwürdigen Entscheidungen geführt hat. Es ist nämlich nicht selten, daß die Zeche der Dritte, das heißt der Bürger bezahlt. – Im angelsächsischen Kulturbereich experimentiert man in dieser Hinsicht mit der Hinzuziehung von Sachverständigen, die im Sinne eines Ombudsmanns die Verbraucherinteressen einbringen. – Der Ombudsmann wird von der Regierung eingesetzt. Er hat kein Stimmrecht. – Die Ergebnisse dieser Ergänzung beruhen auf Versachlichung und sind überraschend erfolgreich.

Vielleicht können wir aber auch selbst zu dieser Problematik einen Beitrag bringen. – Ich sehe in dem von mir beschriebenen Verfahren der leistungsorientierten Führung für alle gesellschaftlichen Bereiche neue Möglichkeiten, Streitpunkte durch Meßbarkeit und Bewertbarkeit zu reduzieren. Versachlichte Grundlagen eines Dialogs würden nach meiner Überzeugung das Finden von Kompromissen sehr erleichtern.

Eine zusätzliche Möglichkeit, den Koordinationsbedarf in Grenzen zu halten, sehe ich in einem frühzeitigen Dialog der betroffenen Interessenvertreter bei neuen Vorhaben und Regelungen. Wenn schon in dieser Phase eine Gesprächsführung im Sinne des Mitdenkens und Kooperierens besteht, kann das zu einer sachgerechteren Definition des Projektziels ebenso beitragen wie später zu einer Reduzierung des Koordinationsaufwandes. – Jedenfalls sollten wir zur Kenntnis nehmen, daß die Zeit, in der die stärkeren Bataillone gewonnen haben, vorbei ist. – In Zukunft müssen die besseren Argumente und die Interessen der Gesellschaft entscheiden.

Verschiedentlich habe ich zuvor die Frage berührt, inwieweit die Führung gegenüber der Öffentlichkeit rechenschaftspflichtig sein sollte. – Üblicherweise wird diese Forderung an die Wirtschaft dann gestellt, wenn große Firmen mit ihrer Tätigkeit und ihrer Entwicklung das Schicksal vieler Menschen beeinflussen. – Die Publikationspflicht, zum Beispiel der deutschen Aktiengesellschaft, berücksichtigt das Interesse der Aktionäre, der Mitarbeiter und Geschäftspartner. – Im Rahmen der sich verstärkenden internationalen Kooperation müssen unsere Wirtschaftsunternehmen jetzt noch erweiterten Informationsansprüchen genügen. Ich verweise auf die Bekanntgabe von Bilanzierungsmodalitäten und Bewertungsvorschriften.

Bei einem Vergleich der Publikationsgewohnheiten der Wirtschaft mit der entsprechenden Praxis des Staates ergibt sich in bezug auf die Information der Öffentlichkeit ein negatives Bild! Die bekanntgegebenen Zahlen, zum Beispiel der Budgets, sind gewiß interessant, aber bezüglich der Bewertung des Geschehens inhaltlich und in der Form der Präsentation völlig unzureichend. – Ob diese Situation aus veralteten Gewohnheiten unseres Staates resultiert oder aber aus der bestehenden Interessenlage unserer Politiker, ist schwer zu entscheiden. Sicher ist aber, daß eine unzureichende Informationspolitik in einer Demokratie ein schwerwiegendes Hindernis für das Engagement der Bürger darstellt. – Die Geringschätzung ihrer politischen Führung durch unsere Bürger ist allgemein bekannt. Es darf uns nun aber nicht noch passieren, daß durch unverständliche Informationen auch noch unser Staat in Verruf gerät. – In der Demokratie erwarten die Bürger Transparenz. Viele Politiker und Politikwissenschaftler fordern diese. – Aber die Praxis verändert sich nicht. Man sieht keinen Fortschritt!

Mit Hilfe des von mir dargestellten Systems der leistungsorientierten Führung ist es möglich, alle öffentlichen Vorgänge in bezug auf Planungen und Ergebnisse verständlich zu machen und zu bewerten! Geschähe das auf breiter Basis, würde unsere Demokratie einen deutlichen Schritt nach vorne tun. – Aus den Impulsen öffentlicher Reaktion würden Politik und Staat lernen und unsere Demokratie gleichzeitig glaubhafter werden. – Die Frage ist angebracht, warum diese Möglichkeit bisher nicht genutzt wurde. Liegt es an der noch nicht bekannten Systematik, oder liegt es an mangelndem Interesse der Zuständigen?

Mir sind die Widerstände deutlich, die sich bei einer Reform der öffentlichen Rechenschaftslegung ergeben würden – wenn diese flächendeckend eingeführt werden soll. Aber warum erproben wir die Wirkungen einer Neuerung nicht in kleineren Einheiten, die solche Reformen wünschen und sich freiwillig für die Erprobung zur Verfügung stellen? Ist die Macht der Besitzstände und Denkgewohnheiten wirklich so groß, daß wir nicht mehr den Mut aufbringen, neue Wege zu erproben? Aus meiner Stiftungsarbeit glaube ich auf der Grundlage vielfältiger Beispiele die oben gestellten Fragen klar beantworten zu können. – Man sollte solche Fragen besser nicht an die Ministerien richten, sondern an die Verantwortlichen der Dienstleistungseinheiten. Dann zeigt sich überraschend, daß dort eine große Bereitschaft besteht, neue Wege auszuprobieren. – Auch das Argument mangelnder Finanzierbarkeit von Neuerungen ist selten stichhaltig. Die Ursache für die Unbeweglichkeit besteht vielmehr in unserer noch nachwirkenden Hierarchietradition und einer verbürokratisierten Organisation.

Wenn unser Staat und sein Dienstherr, die Politik, den Entschluß zur Vorwärtsstrategie nicht aufbringen können, sollten sie wenigstens den Mut haben, denen Freiraum zu schaffen, die es auf sich nehmen, als Bürger neue Lösungen für die Öffentlichkeit zu entwickeln und zu erproben. – Die aus dem Grundsatz gleichen Rechts abgeleiteten Bedenken gegenüber einem solchen Vorgehen verfangen nicht. Es geht bei der Einleitung einer solchen Initiative nicht um Rechtsveränderungen, sondern um die bessere Durchsetzung des Rechts. – In dieser verfahrenen Situation wünsche ich mir, daß insbesondere unsere Medien den Staat mahnen und ermutigen. Die notwendigen Reformen sind nicht so kompliziert, daß man sie nicht verstehen könnte. Es gehört auch nicht viel Mut dazu, notwendige Versuche einzuleiten. Die Bürger warten darauf! Man muß dann allerdings zugeben, daß wir die Probleme unseres Staates auf ganz andere Weise lösen müssen. Zu dieser Situationsbeschreibung gehört meine Forderung nach mehr Transparenz in unserer Demokratie. – Man sagt zwar: »Was ich nicht weiß, macht mich nicht heiß«, aber es gilt auch der Spruch: »Die Sonne bringt es an den Tag!« – In diesem Sinne plädiere ich für mehr Offenheit und Transparenz und fordere dazu auf, Arbeitsformen zu verwenden, die zwangsläufig Transparenz schaffen und zu Innovationsfähigkeit führen.

Die Grundlagen unserer staatlichen Ordnung stammen aus einer Zeit, in der Menschen unter schwierigsten Bedingungen leben mußten. Deren Lebensbedingungen zu sichern und ihre Existenzfähigkeit zu fördern waren vorrangige Ziele. – Die Verantwortung für diese Aufgaben wurde zuerst in Städten durch deren Regierung sowie durch kirchliche und private Initiativen übernommen. Später übernahmen weitere staatliche Einheiten die Gewährleistung dieser Grundversorgung. – Zur Verbreitung der Leistungen wurden Erkenntnisse aus erfolgreichen Beispielen in Vorschriften normiert und gesetzlich verankert. Der Impuls zu der Entwicklung war das Bemühen zu helfen und zu sichern. Dieses Ziel entsprach voll den Anforderungen jener Zeit. – Nach unseren heutigen Begriffen dürfen wir diesen Vorgang als einen wichtigen Innovationsschritt bezeichnen. – Die Bürger freuten sich über die Hilfeleistungen. Wohl kaum hätte damals jemand die Frage aufgeworfen, ob alle Vorschriften »richtig« gewesen seien oder ob man es auch noch besser hätte machen können. So verständlich und segensreich das damalige Vorgehen war – so falsch wäre ein solches Denken heute.

In unserer Zeit sind völlig andere Lebensbedingungen für die Menschen gegeben. Der wesentliche Unterschied resultiert aus den Wirkungen des Wettbewerbs in bezug auf unsere Ordnungssysteme und Leistungen. Erfolg und Bestand können in Zukunft nur Gemeinschaften erwarten, die sich dem globalen Wettbewerb stellen und ihre Innovations- und Leistungsfähigkeit dabei ständig beweisen müssen.

Aus diesen unsere Zeit charakterisierenden Überlegungen kann man mit etwas Neugier, aber auch Berechtigung die Frage ableiten, ob die geschilderte Entwicklung nun ausreichend bedacht ist – oder welche weiteren Maßnahmen wir noch zur Sicherung unserer Zukunftsfähigkeit ergreifen sollten. – Ich möchte nachstehend dazu einige

Thesen zur langfristigen Strategie der menschlichen Gemeinschaft formulieren:

1. Lernfähigkeit verbessern
   Die Völker unserer Welt können heute gemeinsam lernen. – Neue Möglichkeiten der Kommunikation schaffen dazu nie gekannte Voraussetzungen.

2. Leistungspotential der Menschen
   Das Leistungspotential der Menschen und ihre Fähigkeit zur Verantwortungsübernahme sind noch nicht annähernd erkannt und erschlossen.

3. Sicherung der Innovationsfähigkeit
   Das System der leistungsorientierten Führung, Transparenz und Wettbewerb werden die Tendenz zur Innovation verstärken.

4. Globale Koordination
   Das Zusammenleben der Kulturen bedarf gemeinsamer Ziele und Regeln. – Ein langfristiger und unbequemer Lernprozeß beginnt.

5. Gemeinschaftsfähigkeit gewährleisten
   Nur ein Mindestmaß gemeinsamer Werte und die Fähigkeit zur Toleranz können eine friedliche Koexistenz sichern.

6. Neue Führungsvoraussetzungen
   Hierarchische Führungssysteme werden versagen. – »Überzeugung«, »Identifizierung« und »Verantwor-

tungsbereitschaft« heißen die neuen Bausteine der Gemeinschaft.

7. Kreativität freisetzen
   Große Organisationen erstarren in ihren Ordnungen. – Die Strukturen der Zukunft müssen die Fähigkeit der Menschen zur kreativen Gestaltung freisetzen.

## Entstehung der Bertelsmann-Unternehmenskultur

Das Konzept der Unternehmenskultur hat im Hause Bertelsmann nach dem Zweiten Weltkrieg Kräfte freigesetzt, die den mittelständischen Betrieb in fünfzig Jahren zu einem globalen Kommunikationsunternehmen aufsteigen ließen. – Wie arbeitet dieses Führungskonzept? Ist es übertragbar?

Als ich im Januar 1946 aus amerikanischer Gefangenschaft wieder in meiner Heimat ankam, hatte sich vieles verändert. Das Elternhaus war von englischen Soldaten bewohnt, der Verlag bestand nur noch aus einem Trümmerhaufen. Ein Fahrer des Verlages, der mich vom Entlassungslager abholte, begrüßte mich mit der Botschaft: »Es ist gut, daß Du wieder da bist. Dein Vater kann aus gesundheitlichen Gründen die Verantwortung nicht mehr tragen.«

Ich hatte andere Berufspläne gehabt, aber nach zwei Tagen Überlegung entschied ich mich, in der Firma mitzuarbeiten. – Hundert Menschen vertrauten damals auf die Familie Bertelsmann/Mohn, die in vier Generationen und einem Zeitraum von über hundert Jahren die Geschicke des Hauses verantwortet hatte. Ich bejahte die aus der Familientradition gegebene Verpflichtung – und begann zu helfen, Schutt wegzuräumen.

Damals waren die Beziehungen des Bürgers zum Staat, wie ich sie in den USA kennengelernt hatte, in Deutschland fremd. Uns war statt dessen die Verpflichtung des einzelnen gegenüber der Gemeinschaft mit großem Nachdruck anerzogen worden. Gemeinschaftsfähigkeit mußte man darüber hinaus in Krieg und Gefangenschaft unter Beweis stellen. – In meinem Elternhaus und in der Schule war ich zu Disziplin und Pflichterfüllung angehalten worden. Meine Entscheidung, in der elterlichen Firma mitzuarbeiten, hatte in dieser Vorgeschichte ihre Begründung.

Charakterisierend für meine Handlungsweise ist auch die Begründung meines Berufswunsches, die ich als Sechzehnjähriger in einem Schulaufsatz definierte. Ich wünschte mir »eine Chance zur Bewährung im Sinne der Gemeinschaftsverantwortung«! – Meine Arbeit im Hause Bertelsmann hat dieser Zielsetzung entsprochen. Rückblickend darf ich feststellen, daß ich meine Berufsentscheidung keineswegs bereue! Ich habe in meinem Arbeitsleben eine große Herausforderung erfahren und konnte die von mir selbst gesetzten Ziele verfolgen. Mit Erstaunen und in großer Dankbarkeit durfte ich erfahren, daß mein Menschenbild und meine Arbeitsweise den Anforderungen der Zeit entsprachen.

Im bin im Frühjahr 1946 nicht als Chef in das Unternehmen eingetreten – sondern als Lehrling und Mitarbeiter. Meine früheren Aufgaben hatten mich gelehrt, Menschen zu verstehen und mit ihnen zu kooperieren. Ich habe mich nie als Angehöriger einer Oberschicht, sondern immer als verantwortlicher Mitarbeiter verstanden. Der Dialog über Fragen der Gerechtigkeit und Solidarität war mir nicht fremd. Ich habe ihn im Gegenteil immer gesucht, nachdem ich im Kriege an mir selbst erfahren hatte, was Gemeinschaft und Motivation für Menschen bedeuten. – So gab es beim Wiederaufbau des Verlages niemals die Gegensätze der Interessen von Kapital und Arbeit. Wir wollten wieder ein Dach über dem Kopf haben, überleben, und wir wußten, daß wir uns dabei alle helfen mußten.

Die Tatsache, daß der Aufbau des Verlages gelang, ist vor allem dem Einsatz und Wissen der zurückgekehrten Mitarbeiter zu verdanken. Das Gefühl der Verantwortung, das ich verspürte, bewiesen sie in gleicher Weise in einem jahrelangen entbehrungsreichen Einsatz. – Über hundert Jahre Tradition im Zielverständnis und Verhalten hatten Grundlagen geschaffen, die sich bewährten. – Man stand zu seinem Unternehmen.

Nach der Währungsreform im Jahre 1948 wurde die Aufbauphase der verlegerischen Arbeit abgelöst durch das Mühen um einen Marktanteil. Berufliche Positionen der Vorkriegszeit besagten nur noch wenig. Die Menschen hatten im Krieg oft alles verloren. Ihre Kaufwünsche stellten das Buch in eine ganz ungewöhnliche Konkurrenz zu allem anderen Bedarf. – Damals lernten wir, Erfahrungen zu relativieren und neue Wege zu gehen. Der wichtigste Gedanke war der Einfall, unter diesen ungewöhnlichen Marktverhältnissen nicht auf Kunden zu warten, sondern die Kunden aufzusuchen. – Niemand von uns wußte damals, ob diese Idee realisierbar sein würde. Praktisch alle Tätigkeiten mußten umgestellt werden. Ich selbst erhielt die nicht ganz einfache Aufgabe, die Kalkulation eines Ablaufs zu verantworten, den noch niemand erprobt hatte. – Wir waren erfolgreich, und es gelang, ein riesiges, bisher unbekanntes Marktpotential zu erschließen.

Auf diesem Wege erlebten wir riesige Umsatz-Zuwachsraten! Vier Jahre lang verdoppelten wir jährlich den Umsatz – und erkannten dann, daß wir dieses Wachstumstempo nicht finanzieren konnten. – Banken brauchte ich damals nicht um Kredite zu bitten: Unsere Bilanz sah verheerend aus. Meine Lösung der Kapitalbeschaffung war typisch für das Verständnis der Arbeitsgemeinschaft im Hause Bertelsmann. – Da ich selbst aufgrund der hohen steuerlichen Belastung nicht genug Kapital bilden konnte, entschloß ich mich, den Gewinn den Mitarbeitern zu schenken – bei minimaler Abgabenbelastung. Meine Bedingung lautete, den Nettobetrag der Firma als Darlehen bis zur Pensionierung zur Verfügung zu stellen. – Andere Unternehmer sagten damals meinen Untergang voraus. Ich aber erhielt in wenigen Jahren ein Kapital von zehn Millionen DM, das ich damals auf keinem anderen Wege hätte beschaffen können. – Der zügige Aufbau ging weiter!

Daß eine solche Zeit unglaublicher wirtschaftlicher Expansion auch extreme Belastungen für die Mitarbeiter mit sich brachte, ist leicht vorstellbar. – Damals habe ich mir angewöhnt, alle Differenzen mit dem Betriebsrat oder den Mitarbeitern selbst auszudiskutieren. Ich glaube, beide Seiten haben dabei viel gelernt. Unsere Fähigkeit, Probleme zu lösen, wuchs dabei ebenso wie unser Vertrauen und unsere Verständigungsmöglichkeit. Bei wichtigen Umstellungen oder Neuerungen habe ich in Betriebsversammlungen den Sachverhalt selbst vorgetragen. Viele hundert Vorträge haben diesem Bemühen, verstanden zu werden und zu verstehen, gedient. Es ist uns bei Bertelsmann gelungen, das Gefühl gemeinsamer Verantwortung zu bewahren.

Ohne schwierige Entscheidungen ist es dabei natürlich auch nicht abgegangen. – Als sich in einem Arbeitskampf des graphischen Gewerbes die Fronten so verhärteten, daß die Arbeitgeber kurz vor dem Beschluß standen, die Mitarbeiter auszusperren, war meine Bereitschaft, dem Votum einer Mehrheit zu folgen, beendet. Wir sind aus dem Verband ausgetreten. – Wenn man überzeugt ist von der gegenseitigen Verantwortung in einem Unternehmen, wenn diese Überzeugungen und die daraus resultierende Identifizierung wirklich ernst genommen werden sollen, kann man nach meiner Auffassung Mitarbeiter nicht aussperren. Ich habe durch partnerschaftliches Verhalten in meinem Leben Erfolg gehabt – und ich bin überzeugt, daß dieser Führungsstil Kräfte auslöst, die durch Arbeitskämpfe und Aussperrungen vernichtet würden. – Wir werden in unserem Land noch Anlaß bekommen, über die Zweckmäßigkeit der »Streitkultur«, der Austragung von Differenzen nachzudenken. – Ich befürworte die Arbeit der Tarifparteien, aber wir müssen prüfen, ob die überlieferte Streitkultur noch zu vertreten ist. Andere Länder haben darüber nachgedacht – und es besser gemacht.

Wenn man führungstechnisch gezwungen ist, Verantwortung nach unten zu delegieren, um die Innovationsleistung und Führungsfähigkeit zu erhalten, benötigt man die Identifizierung derjenigen mit dem Unternehmen, die

die Verantwortung übernehmen sollen. Ihre Bereitschaft, sich einzusetzen und selbständig zu entscheiden, beruht auf der Überzeugung, sich für richtige Ziele einzusetzen. Diese Überzeugung und Motivation ist für uns unverzichtbar. Die Tarifpartner auch in unserem Land müssen darüber nachdenken.

Man muß nicht nur Falsches verhindern, sondern umgekehrt auch Richtiges und Neues tun. Aus menschlicher Überzeugung, aus Gründen der Gerechtigkeit und Solidarität haben wir im Hause Bertelsmann im gemeinsamen Dialog viele Neuerungen entwickelt. Ich verweise auf die betrieblichen Pensions- und Unterstützungskassen, auf die Gewinnbeteiligung der Mitarbeiter und einen intensiven innerbetrieblichen Dialog und Informationsprozeß. Die regelmäßige Befragung unserer Mitarbeiter zum Betriebsklima, zum Führungsverhalten und die Aufstiegsmöglichkeiten sind ebenfalls in diesem Zusammenhang zu nennen. – Für viele Arbeitgeber und ihre Interessenvertreter sind solche Einrichtungen der Verständigung aus betrieblicher Sicht nicht bezahlbar. – Ob die Vertreter dieser Auffassung den Sachverhalt wohl wirklich verstanden haben? Sie sollten einmal darüber nachdenken, warum die Grundgedanken der Unternehmenskultur sich jetzt in allen Industrieländern verbreiten. Sie sollten einmal darüber nachdenken, woran es liegt, daß Qualität und Kreativität im Zusammenhang stehen mit Motivation. Wie ist es zu erklären, daß gut geführte Betriebe weniger Fehltage ihrer Mitarbeiter zu verzeichnen haben – und daß im Staat die Fehltage doppelt so hoch sind? Woran liegt es, daß ein gut ausgebautes System des Dialogs und der Mitbestimmung Reibungsverluste nahezu völlig verhindert?

Um es deutlich zu sagen: Das Konzept der betrieblichen Partnerschaft hat sich bis zum heutigen Tage jeder anderen Führungskonzeption als überlegen erwiesen. Ich möchte diese Führungsform im gemeinsamen Dialog weiterentwikkeln und denke nicht daran, mich von Menschen belehren zu lassen, deren berufliche Ergebnisse schlechter sind! – Das Haus Bertelsmann bleibt bei seinem Menschenverständnis und einem partnerschaftlichen und kooperativen Führungsstil. Die Erfolge, die wir damit in der Vergangenheit erreicht haben, vermitteln uns die Zuversicht, auch den Anforderungen der Zukunft gewachsen zu sein.

Besondere Beachtung verdient der Prozeß der Meinungsbildung im Rahmen der Unternehmenskultur. – Die Frage, inwieweit es möglich ist, unterschiedliche Auffassungen zu integrieren, ist entscheidend vom Zielverständnis der Beteiligten abhängig. – Das kapitalistische Ordnungssystem der Wirtschaft nutzt das Gewinnstreben und die Gestaltungskraft des Unternehmers. Unter den unbestechlichen Bedingungen des Wettbewerbs und ergänzender staatlicher Schutzbestimmungen hat sich dieses Konzept allen anderen Versuchen der Wirtschaftssteuerung als überlegen gezeigt. – Versuche, die unternehmerischen Impulse durch den Staat zu ersetzen, haben sich als ebenso kontraproduktiv erwiesen wie Versuche, das Gewinnstreben aus Gründen der Gerechtigkeit zu begrenzen. Auch unsere Steuerpolitik wird das begreifen. – Das kapitalistische System hat sich nicht aus Gründen der Gerechtigkeit durchgesetzt, sondern aufgrund seiner Befähigung, den Lebensstandard und die Möglichkeit zur solidarischen Hilfe zu optimieren. – Bei einer kontroversen Interessenlage der verschiedenen Stakeholder sollte man deshalb daran denken, welche Impulskräfte unter allen Umständen nicht beschädigt werden dürfen.

In unserer Zeit zeichnet sich eine neue Relation zwischen den Vertretern des Kapitals und der Exekutive ab. Zwar hat die Vertretung des Kapitals in der Hauptversammlung noch das letzte Wort – aber die Exekutive besitzt den Sachverstand zur Führung. – Eine Kompromißlösung praktiziert das angelsächsische Modell des Boards, in dem Kapitalvertreter und Manager gemeinsam Führungsentscheidungen verantworten. – Oft genug sehen wir aber heute, daß große Unternehmen in Wirklichkeit nur von der Exekutive abhängen und die gesetzlich vorgeschriebene Aufsicht zur Formsache geworden ist. – Kompromißformeln für diese Entwicklung lassen sich finden! Längerfristig wird sich aber zeigen, daß nicht das Kapital, sondern die Führungsfähigkeit entscheidet. Entsprechend wird sich das Kapital im eigenen Interesse anders einordnen müssen.

Nachdem diese Verschiebungen zwischen Kapital und Führung eingetreten sind, stellt sich die Frage, wie diese Entwicklung auf den Faktor Arbeit einwirkt. – Im Verlauf des jetzt zu Ende gehenden Jahrhunderts hat der Faktor Arbeit die schlechteren Karten gehabt. Um das zu verändern, wurden unterschiedliche Möglichkeiten erprobt. Noch ist bei uns im Rahmen der Tarifpartnerschaft der Einsatz von Macht vorherrschend. Nur relativ wenige und keineswegs typische Versuche einzelner Verbände haben auf Fairneß und Kooperation gesetzt. – Diese Ansätze sind vielen Vertretern der Interessengruppen aber eher suspekt. Noch bestimmen Besitzstände und Denkgewohnheiten die Praxis der Interessenvertreter.

Der im Prozeß der Streitkultur auftretende finanzielle Reibungsverlust und Zeitbedarf ist hoch. Die durch den Streit unvermeidliche Beeinträchtigung der Motivation auf beiden Seiten kostet aber ein Vielfaches des direkten Reibungsverlustes! Bei dieser Streitkultur werden nämlich nachhaltig die Möglichkeiten kooperativer Führungstechnik und damit der Durchsetzung der Delegation der Verantwortung beschädigt.

Ich darf in diesem Zusammenhang an den Erfolg der sozialen Marktwirtschaft erinnern. Dieser Erfolg hat seinerzeit alle Welt überrascht. Er beruhte darauf, daß man die gegenseitigen Interessen respektierte. – Der Impuls zu dieser erfolgreichen Wirtschaftsordnung kam nicht von Interessenvertretern der Tarifparteien, sondern von einem Vertreter liberaler und zugleich sozialer Politik. – Daran sollte man denken, wenn man unsere heutige Wirtschaftssituation analysiert. – Der Streit der Interessenvertreter wird die notwendige Lösung nicht bringen. Es geht nicht mehr um die Wahrung von Besitzständen oder Umverteilung, sondern um eine neue Ordnung, die von allen Beteiligten im Unternehmen als sachgerecht und zugleich menschlich empfunden werden kann. – Der globale Wettbewerb, dem wir heute ausgesetzt sind, erfordert neue Formen der Führung und benötigt dringend die Kreativkraft und Leistungsbereitschaft aller Beteiligten. Die bestehende Praxis der Tarifpartner wird diese Entwicklung wohl nicht bewirken.

Ein neuartiger Interessenausgleich aller Beteiligten wurde in unserer Zeit erfolgreich erprobt. Das »Konzept der Unternehmenskultur« zeigt offensichtlich den richtigen Weg an. – Alle Beteiligten fahren bei diesem Konzept besser. Kompromisse können betriebsintern sehr viel leichter geschlossen werden. Die Rentabilität und Innovationskraft des Unternehmens werden verbessert und entsprechen der Forderung unserer Zeit: der internationalen Wettbewerbsfähigkeit. Dieses neue und erfolgreiche Zielverständnis der Unternehmenskultur lautet:

– Das oberste Ziel eines Unternehmens ist der Leistungsbeitrag für die Gesellschaft.
– Das Kapital kann eine hohe Verzinsung anstreben – zu der es aber durch den Stil seiner eigenen Interessenwahrnehmung beizutragen hat.
– Führungskräfte müssen unternehmerischen Freiraum und Chancen erhalten. Sie sind am Erfolg zu beteiligen.
– Die Mitarbeiter erwarten eine berufliche Chance, finanzielle Gerechtigkeit und Sicherheit. Ihre partnerschaftliche Akzeptanz und die dadurch mögliche berufliche Identifizierung kann ein großes Leistungspotential erschließen.

Dieses neue Konzept der Unternehmenskultur ist geeignet, Gegensätze im Zielverständnis der Interessengruppen zu minimieren. Die Koordination der Interessengruppen bei unterschiedlichen Auffassungen wird leichter und die Leistungskraft des Unternehmens erhöht. – Verantwortlich für die Durchsetzung des Zielverständnisses ist die Exekutive, und zwar in partnerschaftlicher Kooperation mit der Vertretung der Mitarbeiter.

Ein weiteres führungstechnisches Problem der Zukunft wird sich in allen Lebensbereichen in der Bewältigung der Größe präsentieren. – Größe erscheint vielen Verantwortlichen als erstrebenswert. Größe symbolisiert Erfolg und Macht. Viele Organisationen, die ihrer Aufgabenstellung eigentlich nur noch mehr schlecht als recht entsprechen, erfahren wegen ihrer Größe immer noch ein hohes Ansehen in der Öffentlichkeit. – Unternehmer, die sich selbst darstellen wollen, reden von ihren Umsatzmilliarden und der Anzahl der bei ihnen Beschäftigten. – Größe kann man den Medien leicht vermitteln – und damit Beifall auf dem Parkett der Eitelkeiten erzielen. – Größe hat gewiß die staatliche Verwaltung aufgebaut – aber welches Prädikat ist damit verbunden?

Nach meiner Auffassung sollte man unter den heutigen Arbeitsbedingungen Ranglisten nicht nach Größenordnungen verfassen, sondern eher nach Kriterien, die charakteristisch für die Führung und Leistung der Organisationen sind. Begriffe wie Innovationsfähigkeit, Wachstumsrate, Finanzierungsstrategie, Führungskontinuität und Betriebsklima sind für mich aussagefähiger – auch wenn sich die Medien dafür weniger interessieren. – Beachtenswerte Kriterien sind auch die Fähigkeit zur Kreativität und die Qualität der Leistungen, weil sie beide etwas über das Niveau der Unternehmenskultur auszusagen haben.

Im Großunternehmen oder einer großen Organisation alter Prägung wurde zentralistisch und hierarchisch geführt. Große Unternehmen aller Art bestätigen heute durch ihre Ergebnisse, daß diese Führungstechnik der »Herrscher« nicht mehr der Zeit entspricht. Die Aussage gilt für den Staat, für das Militär, für die Kirche und für die Wirtschaft. – Daß diese Überlegung auch für den politischen Raum zutreffend ist, wird uns vermutlich schneller klar werden, als sich mancher heute noch vorstellen kann.

Wenn nun aber Größe als Folge unserer Lebensbedingungen scheinbar unvermeidlich ist, stellt sich die Frage, ob Größe besser gestaltet werden kann in überschaubaren und gestaltungsfähigen Einheiten. Natürlich denkt man dabei an das Prinzip der Delegation – wie das im Staat und beim Militär seit Jahrhunderten üblich ist. Aber wir müssen heute doch einen wesentlichen Unterschied betonen: Früher wurde in dezentral geführten Einheiten durch Vorschriften die Gleichheit des Verhaltens und der Leistungen angestrebt. Heute wollen wir das Gegenteil. Wir wollen der Stagnation der Hierarchien entkommen und im Rahmen der delegierten Verantwortung Freiheit zum Gestalten gewähren. Wir haben gelernt, daß die Führungsspitze riesiger Gebilde im Hinblick auf Innovationsfähigkeit überfordert ist. – Die Frage erscheint da angebracht, warum denn der selbständige Unternehmer seinerzeit so überaus erfolgreich war? Und wenn man diese Frage beantworten kann, sollte man prüfen, ob sich ähnliche Bedingungen unternehmerischer Führung nicht auch heute entwickeln lassen können. – Was für eine ungeheure Wirkungskraft könnten zum Beispiel große Unternehmen entfalten, wenn ihre Abteilungsleiter und Geschäftsführer ebenso wie ihre Vorstände unternehmerische Arbeitsbedingungen hätten – und die Bewältigung solcher Aufgaben im unternehmerischen Sinne auch erlernen würden.

Ich möchte diese für viele Menschen vielleicht theoretisch anmutende Frage aus eigener Erfahrung positiv beantworten. – Wenn wir die damals gültige Vorgabe der Gleichheit aller Verhaltensweisen und Leistungen inzwischen als antiquiert begriffen hätten und nicht »Ordnungsmäßigkeit«, sondern »Leistung« als Maß der Dinge betrachteten, würden wir mit Hilfe des unternehmerischen Prinzips eine riesige Überraschung erleben. Wir würden dann nämlich erfahren, wie viele kreativ Befähigte und verantwortungsbereite Menschen unter uns sind! – Diese Menschen haben in der hierarchischen Ordnung keine Chance gehabt. Sie hatten weder Freiheit noch motivierende Bedingungen – und konnten nicht zeigen, welche Gaben sie besaßen. – Das kann man ändern!

Daß wir inzwischen in der Wirtschaft gelernt haben, das Problem der Größe zu bewältigen, kann man in vielfältigen Formen beobachten. Ich freue mich, daß man nunmehr auch im staatlichen Bereich beginnt, diese Möglichkeiten zu erproben, um zumindest Freiraum zu geben für entsprechende Versuche. – Manchen Besitzstandswahrern in der Zuständigkeit des Staates werden diese Überlegungen als Anstiftung zur Revolution erscheinen. Diese Leute haben aber nur insofern recht, als der Umstellungsprozeß Mühe, Zeit und Geld kostet. Doch diese Kosten der Innovation stellen nur einen Bruchteil der Belastung dar, die sich durch ein Beharren auf der Praxis der Vergangenheit ergeben würden. – Die Führung in der Wirtschaft hat das längst verstanden: Ändern und fortschreiben gehören dort zum täglich Brot. Wer diese Flexibilität nicht aufbringt, scheidet aus.

Im Zusammenhang mit diesen fraglos notwendigen grundlegenden Reformen möchte ich noch einmal auf den Führungsstil im Unternehmen zurückkommen. – Dieser Führungsstil war früher hierarchisch oder patriarchalisch geprägt. Aber dieser Stil erklärt nicht den Erfolg der

Unternehmer. Statt der von ihnen eingeforderten Disziplin hätte man nämlich auch zu der damaligen Zeit schon mit mehr Erfolg auf Überzeugung und Motivation setzen können. – Der Grund für den Erfolg ergab sich vielmehr aus den Bedingungen des Marktes: Nur der Tüchtige fand eine Chance. Ob und wie er sie nutzte, war seine Sache. Einige gehörten zu den Gewinnern – und viele schafften es nicht. – Der Markt und damit die Gesellschaft profitieren von dieser rücksichtslosen Auswahl der Führungsfähigen. Gesellschaft und Politik haben das heute überwiegend begriffen. Nach Staatswirtschaft fragt niemand mehr. – Wir halten also fest, daß dieser harte Prozeß des Lernens und der Auswahl der Befähigten zum unternehmerischen Führungsstil gehört.

Nach meinen vielen Versuchen im Rahmen meiner Stiftungstätigkeit mit dem Prinzip der leistungsorientierten Führung im Staat bin ich ganz sicher, daß das Prinzip der unternehmerischen Führung auch dort erfolgreich einsetzbar ist. – Unsere Politiker muß ich des weiteren noch darauf aufmerksam machen, daß die heutigen Aufgaben und das neue Selbstverständnis der Menschen noch eine weitere Ergänzung der Führungstechnik erfordern. Wir arbeiten heute nämlich nicht mehr mit Befehlsempfängern zusammen – sondern mit Bürgern, die mitdenken und fähig sind, Verantwortung zu übernehmen. – Das gilt für die Mitarbeiter im Staat ganz besonders.

Diese Ergänzung mag für Wichtigtuer unter den Vorgesetzten ein Ärgernis darstellen. Für Vorgesetzte, die den Grundsatz der Verantwortlichkeit ihrer Arbeit gegenüber der Gesellschaft akzeptieren und für die Menschenführung zugleich auch Berufung bedeutet, ist die Fortschreibung der unternehmerischen Arbeitsweise aber ein Gewinn. – Ich wünschte mir, viele Vorgesetzte könnten einmal das Erlebnis empfinden, das ihnen dann durch ihre Mitarbeiter in Form von Achtung und Zustimmung entgegengebracht wird. – Ich wünschte mir darüber hinaus, daß viele Beschäftigte dann auch die Befriedigung verspüren, die aus einer selbst gestalteten Aufgabe resultiert, die der Gemeinschaft zugute kommt. Eine solche Einstellung zur Arbeit kann Sinnerfüllung und Zufriedenheit vermitteln. Und zugleich wird uns diese Einstellung zum Beruf weiter führen auf dem Weg hin zu einer menschlicheren demokratischen Gesellschaft.

Entsprechend meiner Auffassung zum Zielverständnis des Unternehmens und der in ihm tätigen Gruppen ist es für mich eine Frage der Gerechtigkeit, den Beteiligten entsprechend ihrem Beitrag eine Erfolgsbeteiligung zu gewähren. Die Modalitäten der Beteiligung können entsprechend der Unterschiedlichkeit des Beitrags der verschiedenen Gruppen entwickelt werden. Es kommt mir auf den Grundsatz an.

Zur Begründung einer Erfolgsbeteiligung gibt es in unserer Zeit unterschiedliche gedankliche Ansätze. – Die Arbeitgeber sehen in einer Beteiligung noch überwiegend eine Beeinträchtigung ihres Eigentumsrechts und fürchten eine Verkomplizierung in der Führung des Unternehmens. – Einheitliche Beteiligungsregeln in Unabhängigkeit vom Gewinn der einzelnen Firmen lehnen die Arbeitgeber nach meiner Auffassung mit Recht ab, weil die Ertragssituation der Betriebe sehr unterschiedlich ist und bei einer einheitlichen Regelung die wünschenswerte Motivationswirkung in bezug auf das eigene Unternehmen verloren geht. – Die Gewerkschaften andererseits möchten im Rahmen tariflicher Vereinbarungen einheitliche Beteiligungsansätze unabhängig von der Ertragskraft des Unternehmens durchsetzen. – Solche Überlegungen kenne ich nun seit Jahrzehnten. Alle Meinungsbildner, insbesondere in Politik und Kirche, bestätigen, daß die Beteiligung der Mitarbeiter dringend einer Lösung bedarf, aber außer gesinnungsethischen Verlautbarungen geschieht seit Jahrzehnten in der Praxis bitter wenig. – Und ich habe den Verdacht, daß diese »Stagnation« vielen Vertretern der Interessengruppen sogar ganz recht ist! – Es ist erstaunlich, daß nach so langer Zeit der Diskussion und des Aufzählens möglicher Nachteile nicht mit gleicher Intensität über die positiven möglichen Wirkungen debattiert wird. Dabei sind diese Folgen keine Vermutungen mehr, sondern seit langem hinreichend dokumentiert. – Versagt hier das System der Tarifpartnerschaft, und liegt es an der vielgerühmten Streitkultur?

Andererseits gibt es aber auch Unternehmer, die in der Frage der Erfolgsbeteiligung inzwischen ihren eigenen Weg gegangen sind. Sie waren überzeugt davon, sowohl für ihre persönlichen Interessen als auch für das Unternehmen eine richtige Entscheidung zu treffen. – Zu diesen Unternehmern gehöre ich seit vielen Jahrzehnten, und um es vorweg zu sagen: Ich habe dabei nicht – wie häufig argumentiert wird – verdientes Geld in unnötiger Weise ausgegeben – sondern ich habe in die Motivation meiner Mitarbeiter investiert! Dieses »Investment« war zu meiner eigenen Überraschung weitaus erfolgreicher als irgendeine andere »Führungstechnik« von Unternehmern, die –

wie wir – aus Trümmern aufbauen mußten. – Lernen Unternehmer nicht vom Erfolg der Konkurrenz? Der Unternehmer muß immer versuchen, durch Kreativität und das Auffinden neuer Wege Wettbewerbsvorteile zu erlangen. Heute müssen Unternehmer begreifen, daß man Verantwortung delegieren muß – und daß die Prämissen dazu »Motivation« und »Identifizierung« heißen. Unternehmer müssen begreifen, daß die »Investition« in die Motivation ihrer Mitarbeiter die rentabelste sein kann.

Die Entwicklung des Systems der Mitarbeiterbeteiligung habe ich nicht mit einer Theorie begonnen. Die Beteiligung ergab sich vielmehr beim Wiederaufbau des Verlages, als ich meine auftretenden Finanzierungsprobleme mit den Interessen meiner Mitarbeiter verknüpfte. – Ähnlich habe ich auch später gehandelt, als ich die betrieblichen Pensionszusagen aufstockte, um durch die Erhöhung Rückstellungen an Sozialkapital zu bilden. – Als diese mehr aus der Not entstandenen Beteiligungsinitiativen später verbessert werden sollten, kam es zu einer Regelung, die in bezug auf Systematik allen zu beachtenden Gesichtspunkten gerecht wurde. – Diese Regelung habe ich bewußt einfach gestaltet:

1. Nach der Zahlung des Verzinsungsanspruchs des Kapitals und des Arbeitseinkommens der Mitarbeiter wird der verbleibende Überschuß als Gewinnbeteiligung hälftig auf die beiden Gruppen verteilt.

2. Der Gewinnanteil der Mitarbeiter wird in Form von Genußkapital im Unternehmen angelegt und ist an der Börse zu verkaufen.

Als Ergebnisse dieser Regelung sind inzwischen zu nennen:

- Die Einlagen der Mitarbeiter betragen heute ca. ein Drittel des Eigenkapitals des Unternehmens.
- Die Mitarbeitereinlagen haben dazu beigetragen, daß das Unternehmen über viele Jahrzehnte ein hohes Wachstum finanzieren konnte, ohne Fremdkapital aufzunehmen.
- Der sich in der Hauptversammlung des Unternehmens ergebende Gestaltungsfreiraum ohne Rücksicht auf andere Gesellschafter erleichterte die Ausgestaltung des Konzepts der Unternehmenskultur – und einen von mir damals nicht für möglich gehaltenen Ausbau des Unternehmens.

Über die Gewinnbeteiligung wurde in unserem Hause mit den Mitarbeitern während ihrer Entwicklung und wird auch heute noch stets gesprochen – aber nie gestritten. Ich halte es für beachtlich, daß die in der gesamten Wirtschaft extrem belastende Auseinandersetzung über die Frage der Verteilungsgerechtigkeit bei uns reibungsfrei gestaltet werden konnte. Der Vorteil für unsere Mitarbeiter liegt auf der Hand: Ihnen steht eine zusätzliche finanzielle Sicherung zur Verfügung, die sie jetzt oder im Alter verwenden können. In einer Zeit, da selbst unsere Politik Bedenken bekommt in bezug auf die Solidität des sozialen Netzes, paßt diese Vermögensbildungsinitiative gut in unsere Zeit.

Manche Unternehmer befürchten im Zusammenhang mit einer Mitarbeiterbeteiligung eine Verschärfung der in unserer Zeit kontrovers diskutierten Mitbestimmungsproblematik. Ich möchte dazu eindeutig feststellen, daß solche Sorgen vermeidbar und damit unbegründet sind. Ich selbst habe in unserem Hause diese Rechtsfragen so geordnet, daß die angestrebte Zielsetzung einer größeren finanziellen Gerechtigkeit in gar keiner Weise die Zuständigkeit der Hauptversammlung, also die Führungsrechte des Kapitals berührt. – In der inzwischen Jahrzehnte währenden Praxis unserer Beteiligung haben wir tatsächlich auch noch nie solche Probleme gehabt.

Eine eher amüsante Erfahrung ergab sich jedoch durch die Mitarbeiterbeteiligung in anderem Sinne. Da sich im Verlauf der Jahre eine gewisse Gewohnheit herausbildete, daß die Mitarbeiterbeteiligung mindestens eine jährliche Verzinsung von fünfzehn Prozent betrug, ergab sich daraus zugleich auch eine Zielsetzung für den Vorstand – auch bezüglich des Kapitals der Aktionäre. – Wenn man die Führungsstrategie und die Dividendenpolitik vieler großer Unternehmen unserer Zeit analysiert, erkennt man rasch, daß sich die Erwartungen des Kapitals und der Exekutive häufig durch den verhängnisvollen Drang nach Größe bedenklich voneinander entfernen. In dieser Konfliktsituation hat die Gewinnerwartung unserer Mitarbeiter somit auch eine absichernde Wirkung für das Kapital der Aktionäre bekommen. – Denn die Aktionäre »schlank« zu halten, hält insgeheim mancher Vorstand für vertretbar. Aber welcher Vorstand läßt sich wohl von seinen Mitarbeitern den Vorwurf machen, die Minimumverzinsung für ihr Kapital nicht erwirtschaftet zu haben?

Auf einen weiteren besonderen Aspekt der Unternehmenskultur möchte ich jetzt noch im Zusammenhang mit der Expansion unseres Unternehmens im Ausland eingehen. – Fast zwei Drittel unseres Gesamtumsatzes werden dort erwirtschaftet – mit steigender Tendenz. – Ein Kommunikationsunternehmen wie unser Haus hat in anderen Ländern und Kulturen auf deren Besonderheiten und Wertvorstellungen Rücksicht zu nehmen. Dieser einfache Grundsatz wurde international erst relativ spät erkannt, mit der Folge, daß Kommunikationsunternehmen bei der globalen Ausbreitung nur begrenzt vertreten waren. – Ich selbst habe bei Beginn der Auslandstätigkeit auf Kooperation und Respekt der fremden Kultur gesetzt. Wir besaßen zwar ein gutes Fachwissen, aber uns fehlte doch für einen Alleingang das Gespür für die Andersartigkeit fremder Kulturen. Diese Kulturbarriere erwies sich aber als überwindbar, als wir im Laufe der Jahre lernten, Führungskräfte aus den jeweiligen Ländern zu entwickeln – und zwar unter unternehmerischen Bedingungen: eine Bestätigung unserer Unternehmenskultur.

Diese Führungskräfte reagierten auf unser Konzept spontan positiv! Der ihnen angebotene große gestalterische Freiraum und die finanzielle Erfolgsbeteiligung stellten für diese unternehmerischen Kräfte einen großen Anreiz dar. – Später lernten wir, im Ausland rechtzeitig vor Beginn eines Investments Führungskräfte in dem jeweiligen Land zu suchen, sie sorgfältig einige Jahre mit unserer Arbeit vertraut zu machen und erst dann unter ihrer Verantwortlichkeit das Kapital einzusetzen. – Diese Variante der Unternehmenskultur hat sich hervorragend bewährt. Es gibt keinen Zweifel, daß unser Erfolg auch im Ausland eine Frage der Motivation und Identifizierung war. Daß Menschen aus anderen Kulturen auf diese

Bedingungen ebenso ansprechen, darf ja auch eigentlich nicht verwundern: So unterschiedlich sind die Menschen vom Grunde ihres Wesens her schließlich nicht.

## Sicherung der Unternehmenskontinuität

Die heute entstandene Möglichkeit, die Welt als Einheit zu erleben, ist eine neue Erfahrung für die Menschen. Noch sind die verschiedenen Kulturen geprägt von den Erfahrungen der Vergangenheit – zumeist in regional begrenzten Räumen. Die technische Entwicklung im Bereich der Kommunikation und des Verkehrswesens hebt nun diese seit Jahrtausenden gültigen Grenzen der Kulturen auf. – Heute begegnen sich Kulturen täglich in all ihrer Unterschiedlichkeit. Dem verbindenden Interesse an einer Kooperation stehen gelegentlich unverträgliche Wertordnungen gegenüber. Aus der Geschichte wissen wir, daß die Bewältigung kultureller Unterschiede in Grenzgebieten konfliktreich und zeitraubend ist.

Die derzeitige Annäherung der Völker in dem Bemühen um wirtschaftliche Kooperation und Gewährleistung äußerer Sicherheit geschieht in einer historisch nie erlebten Intensität und Schnelligkeit. Die Spielregeln für ein solches globales Zusammenleben bestehen in kodifizierter Form erst in Ansätzen. Von klaren und geordneten Rechtsverhältnissen in dieser sich anbahnenden globalen Kultur sind wir noch weit entfernt.

Kulturen wurden von Menschen für Menschen geschaffen. Kulturen sammeln bewährte Erfahrungen und Überzeugungen der Menschen. – Sie dienen als Ordnungselement der Gesellschaft. Über viele Jahrtausende haben kulturelle Ordnungen der Existenzsicherung der Menschen sowie der Bewahrung der Macht ihrer Herrschaft gedient. – Das Selbstverständnis der Menschen widersprach damals nicht ihrer Kultur. Zwar waren die jeweiligen Herrscher an dem Wohl ihrer Untertanen eher wenig interessiert, aber die Menschen akzeptierten dennoch die Obrigkeit, weil sie ihnen unverzichtbar erschien. Denn die uns heute kaum noch vorstellbare Alternative der Anarchie war damals eine reale und erschreckende Bedrohung. – So erwies sich die Legitimierung der Kultur mit der Wahrung von Stabilität und Sicherheit als ausreichend.

In unserer Zeit führt die globale Begegnung von Kulturen zu neuen und schwierigen Transformationsprozessen. – Die Völker haben inzwischen gelernt, daß eine kulturelle Gemeinschaft auch ganz andere Ziele als die der Obrigkeit anstreben kann. Die globale Kommunikation regt die Menschen dazu an, darüber nachzudenken, ob eine andere Staatsform für sie vorteilhafter sein könnte. Von diesen Überlegungen bis zur Infragestellung der Mächtigen ist es dann ein naheliegender Schritt. – In unserer Zeit zeichnet sich ein Wettbewerb der Gemeinschaftsordnungen ab. Dieser Wettbewerb stellt insbesondere darauf ab, neue Relationen zwischen dem Staat und seinen Bürgern zu etablieren. – Aus diesem Dialog der Meinungen ergeben sich in unserer Zeit neue staatliche Ziele, die mehr und mehr auf das Wohl der Menschen ausgerichtet werden. Zugleich ist deutlich, daß die überlieferten Zielsetzungen fortgeschrieben werden müssen – und zwar im Sinne der Interessen der Menschen, der Menschlichkeit!

Aus dieser Entwicklung ergibt sich eine bisher unbekannte Konfliktsituation zwischen der Tendenz des Beharrens und dem Aufbruch zum Fortschritt.

Die früheren auf Ordnung und Stabilität ausgerichteten Kulturen hatten bei aller Unzulänglichkeit für die Menschen den Vorteil, daß sie leichter zu erlernen waren. Alle gesellschaftlich relevanten Fragen waren geordnet durch Tradition oder Gesetz. – Entwicklungen, die ein neues Verhalten erfordert hätten, wurden nicht zugelassen. Unter diesen Bedingungen erwiesen sich ethische Definitionen ebenso beständig wie Besitzstände aller Art. – Wer mit diesen Lebensbedingungen nicht zufrieden war – weil er keinerlei Chance hatte –, wanderte am besten aus. – Im Zeitalter der Aufklärung und der Französischen Revolution aber begannen die Menschen »Fortschritt« als ihr Anliegen zu fordern. Und sie erkannten bald, daß ihre Hoffnungen auf bessere Lebensverhältnisse bei den herrschenden Hierarchien schlecht aufgehoben waren. – In der Demokratie sahen sie dann die Staatsform der Zukunft.

In einem konfliktreichen Prozeß haben die Völker dann gelernt, den Wandel als Bedingung des Fortschritts zu begreifen. Die Akzeptanz dieser Erkenntnis geschah keineswegs gesamtheitlich und zur selben Zeit. Die Inhaber von Besitzständen verteidigten die Vorteile der Tradition – die Habenichtse verlangten dagegen eine Chance, Hilfe und Gerechtigkeit.

Die Wirkungen des internationalen Wettbewerbs der Wirtschaft haben den Menschen inzwischen klargemacht, daß der Verzicht auf Teilnahme an Veränderung und Wettbewerb einem Votum für Arbeitslosigkeit und Armut gleichkommt. Strittig ist nur noch, in welcher Form die Transformation zu höherer Leistungsfähigkeit gestaltet werden muß. – Reicht zum Beispiel zur Stillegung eines großen Industriebetriebes der Beschluß der Aktionäre – oder müssen auch andere Interessen dabei berücksichtigt werden? Können so gravierende Umschichtungsprozesse wie der Ausstieg aus der Atomindustrie von der Regierung angeordnet werden, oder welche Gruppen sind an einer solchen Entscheidung zu beteiligen und welche Verpflichtungen ergeben sich daraus?

In diesen Jahren des Wandels lernen wir die Notwendigkeiten von Umstellungen ebenso kennen wie die zu berücksichtigenden gesellschaftlichen Rückwirkungen. Wir erkannten: Beständigkeit verlangt den Mut zum Wandel. – In einer Demokratie müssen alle Beteiligten mithelfen, diese Folgen der Modernisierung menschlich zu gestalten. Das kann sowohl in fallweisen Einzelentscheidungen als auch durch Richtlinien der Regierung geschehen. – Bei der Optimierung der Entwicklung sollten beachtet werden:

1. Die eigenen Möglichkeiten der betroffenen Einheit. – Die Führung dieser Einheit trägt Verantwortung für die Planung der Strategie und der Gestaltung des Übergangs. Gemeinsam mit Vertretern der Region und der Tarifpartner muß schon sehr frühzeitig das Konzept einer Überleitung entwickelt werden. Wenn so verfahren wird, können viele Nachteile und Härten später vermieden oder jedenfalls gemildert werden. – Es wird wohl unvermeidbar sein, daß entstehende Nachteile auch durch Abfindungen auszugleichen sind.

2. Die Sicherung der Wirtschaftskraft und der Kontinuität eines Unternehmens muß als Führungsaufgabe verstanden werden. – Werden die Instrumente der Strategie rechtzeitig zur Anwendung gebracht, brauchen Krisensituationen gar nicht erst zu entstehen. – Ist eine Unternehmensführung jedoch nicht in der Lage, eine Vorwärtsstrategie zu gestalten, kann eine Fusion oder der rechtzeitige Verkauf des Unternehmens eine richtige Alternative sein. – Dies gilt auch für das mittelständische Familienunternehmen. Hat eine Familie das Glück, aus ihrem eigenen Kreis den Nachfolger für die Unternehmensführung zu stellen, ist dieser Weg ideal. In einem solchen Fall aber alle Erben aus Gründen der Gerechtigkeit zu beteiligen, ist selten zielführend.

Wenn ein Unternehmen verantwortungsbewußt und partnerschaftlich geführt wird, muß es im Interesse der Gesellschaft ebenso wie im Interesse aller in ihm Tätigen die Sicherung der Kontinuität als ein wichtiges Ziel begreifen. Ein partnerschaftlicher Führungsstil beinhaltet diese Verpflichtung: Partnerschaft basiert auf dem Vertrauen der Mitarbeiter. – Das Unternehmen muß deshalb Kontinuität als Ziel anerkennen – und im Sinne wünschenswerter Transparenz im Jahresbericht zur Kontinuitätssicherung Stellung nehmen. – Wenn die Identifizierung der Mitarbeiter und Führungskräfte in unserer Zeit eine entscheidende Erfolgsbedingung geworden ist, darf das Vertrauen in die Kontinuität des Unternehmens nicht enttäuscht werden.

Kontinuität als Unternehmensziel drückt sich aus in der Strategie, der Führung, der Finanzierung und der Zielsetzung. Wege, die Kontinuität zu erreichen, gibt es verschiedene. Entscheidend aber ist, daß die Führung eines Unternehmens – und seine Kapitalgeber – Kontinuität als Unternehmensziel anerkennen. Ich meine, im Interesse aller Beteiligten muß sich die Führung für dieses Ziel entscheiden.

Es ist schon deutlich geworden, daß es sich bei der Aufgabe der Kontinuitätssicherung keineswegs nur um die Finanzierung, sondern vor allem um die Verantwortung gegenüber den Menschen handelt. – Ergänzend möchte ich noch betonen, daß hier auch unsere Wertordnung angesprochen ist. Die Frage, ob die Unternehmenskontinuität ethische Probleme beinhaltet, gehört in den Dialog unserer Zeit. – Ich selbst plädiere aus Gründen der Menschlichkeit und des Erfolgs für eine Verfassung in der Wirtschaft, die auf einem humanen Fundament gründet.

Diese Überlegungen zur Kontinuitätssicherung gelten für alle Zukunftsplanungen, gleichgültig welchen Bereich sie betreffen. Die Menschen sind überall von den Folgen des Wandels und der Frage der Kontinuität in hohem Maße betroffen. Sie haben es verdient zu wissen, ob ihre Führung Kontinuität als Ziel anerkennt.

In den meisten Industriestaaten unserer Welt gilt das Rechtsverständnis, daß die Verfügungsrechte aller Art an das Eigentum gebunden sind. Für diese Regelung sprechen viele Gründe. Die Steuerungsfunktion des Eigentums berücksichtigt wohl am besten die menschliche Wesensart. Zum Vergleich: Die theoretisch gut gemeinten Grundsätze des Kommunismus, Privateigentum durch staatlichen Besitz zu ersetzen, endeten in einem entsetzlichen Fehlschlag. – Dieses Konzept entsprach nicht menschlichen Erwartungen und Veranlagungen. In wenigen Jahrzehnten scheiterte dieser dogmatische Versuch an dem Verlust der wirtschaftlichen Leistungsfähigkeit dieser Länder und der mangelnden Leistungsbereitschaft der arbeitenden Menschen.

In Europa hat sich die Kopplung des Verfügungsrechts an das Eigentum in vieler Hinsicht und über Jahrhunderte bewährt – solange der Schwierigkeitsgrad der mit dem Eigentum verbundenen Führungsaufgabe in Grenzen blieb. In früherer Zeit war dies in bezug auf die wirtschaftliche Tätigkeit überwiegend der Fall.

In unserem zu Ende gehenden Jahrhundert werden diese Prämissen in Frage gestellt. Die neuen Markt- und Produktionsbedingungen erfordern riesige Kapitalmengen, die vom einzelnen Unternehmer nicht mehr aufgebracht werden können. – Aus dieser Situation erwuchs der Kapitalmarkt und als wirtschaftliche Einheit die Kapitalgesellschaft. – Auch in der Kapitalgesellschaft haben die Eigentümer das letzte Wort. Ihr persönlicher Führungsbeitrag hat sich aber stark reduziert – und ist weit entfernt von der Qualität unternehmerischer Führungsleistung.

In allen Industriestaaten wurden aus diesen Gegebenheiten rechtliche Konsequenzen zum Erhalt der Führungsfähigkeit und zum Schutz des Eigentums gezogen. Die deutsche rechtliche Variante präsentiert sich im Aktiengesetz. – Dieses Recht schafft zwar Ordnung für die Ansprüche des Kapitals und die Regelung der Wirtschaft, es ist aber nur begrenzt geeignet, die ursprüngliche unternehmerische Führungsfähigkeit wiederherzustellen. Die eher formalen Vorschriften des Gesetzes zielen mehr auf Ordnungsmäßigkeit als auf Kreativität. – So haben sich in unserer Zeit große Wirtschaftseinheiten gebildet, welchen die vorgeschriebenen Ordnungsprüfungen die notwendigen Testate erteilen, die aber in bezug auf die internationale Wettbewerbsfähigkeit nur begrenzt überzeugen. – In einer Zeit perfekter Organisation und des hohen öffentlichen Stellenwertes weitgehender Gleichheit aller Menschen fällt es noch schwer, den Kreativen und Führungsbefähigten die Prämissen einzuräumen, die sie benötigen: nämlich den Anreiz zum Erfolg, den Mut zum Risiko und die Freiheit zum Gestalten.

Unter den Zwängen des globalen Wettbewerbs werden wir aber schon bald erfassen, wie wir den gesellschaftlichen Stellenwert menschlicher Initiative und Kreativität einzuordnen haben. – Wir haben zwar in diesem Jahrhundert verstanden, daß ohne Gerechtigkeit und Solidarität eine freie Gesellschaft nicht lebensfähig ist. – Wir haben aber noch zu lernen, daß Leistungsfähigkeit und Subsidiarität die Grundlage darstellen für die Verwirklichung der Ziele, die in unserem Jahrhundert im Vordergrund des öffentlichen Interesses standen. – Die Schwierigkeit, solche Grundsatzfragen einer Gesellschaft im Rahmen ihrer Verfassung zu ordnen, ist nicht erst in dieser Zeit offenkundig geworden. Die Väter unserer Verfassung erklärten bereits mangels anderer Definitionsmöglichkeiten im Hinblick auf die gesellschaftliche Positionierung des Besitzes: »Eigentum verpflichtet!«

Diese Verpflichtung des Eigentums muß und kann in vielfältiger Form wahrgenommen werden. Im Hinblick auf die mit dem Eigentumsrecht verbundenen Führungsansprüche müssen wir insbesondere die in unserer Zeit entstehende Führungsproblematik in Großbetrieben bedenken. – Die Aufnahme neuen Kapitals bedeutet häufig auch eine Akzentverschiebung unter den Kapitaleignern in bezug auf den zu verwendenden Führungsstil und die Definition von Unternehmenszielen. Wie stark diese Zusammenhänge einwirken, wird uns in unserer Zeit in vielfältiger Form insbesondere in den mittelständischen Betrieben demonstriert. – Betroffen sind dann nicht nur die Familien der Unternehmer und wirtschaftliche Geschäftsverbindungen. Stärker betroffen sind die Mitarbeiter sowie das regionale Umfeld. – Zur sachgerechten Gestaltung dieser gesellschaftlichen Aufgabe sammeln wir zur Zeit intensiv Erfahrungen. Ich bin überzeugt, daß die Ergebnisse dieses Lernprozesses für die richtige Einschätzung der Kreativen im Unternehmen sprechen werden.

Im Hause Bertelsmann war ich als Unternehmer in der fünften Generation nahezu ein halbes Jahrhundert tätig. Ich habe versucht, die Elemente der Kontinuitätssicherung zu verstehen und eine Ordnung zu entwerfen, die meinem Verständnis der Verantwortung für den Bestand und die Zukunft des Unternehmens gerecht wird. – In dieser Absicht habe ich satzungsmäßig festgelegt:

1. Eigentums- und Führungsrechte
   Die Eigentums- und Führungsrechte werden durch eine kleine Führungs-GmbH wahrgenommen, deren Gesellschafter der Führungsaufgabe gerecht werden können. – Es sind diese:
   zwei Aufsichtsratsmitglieder,
   zwei Vorstandsmitglieder,
   der Konzernbetriebsratsvorsitzende,
   ein Familienvertreter.

Zur Begründung darf ich erläutern:

- Nach meiner Auffassung muß die Führungsbefähigung entscheidend sein für das Führungsmandat.
- Ich setze auf Partnerschaft statt auf Streitkultur.
- Ich bin überzeugt, daß die Tradition meiner Familie zum humanen Zielverständnis im Unternehmen beitragen kann.

2. Das Eigentum am Kapital

Das Eigentum am Kapital geht in den Besitz der von mir gegründeten gemeinnützigen Bertelsmann Stiftung über. Durch ihre Satzung ist diese gehalten, anfallende Dividenden gemäß ihrer Zielvorgabe zu verwenden.

3. Erprobung der Regelung

Ich habe diese Eigentums- und Führungsordnung schon zeitlebens realisiert, um in einer mehrjährigen Lernphase die Funktionstüchtigkeit der Regelung zu erproben und gegebenenfalls zu verbessern. – Dies gilt auch für die Bestimmungen, welche die Mitwirkung von Mitgliedern meiner Familie im Hause Bertelsmann regeln. Meine Kinder werden berufliche Beratung und Bewährungsmöglichkeiten erfahren. Ihre Aufstiegsmöglichkeiten entsprechen den in unserem Hause gültigen Regeln.

4. Unternehmenskultur

In unserem Unternehmen gelten die Regeln der von mir entwickelten Unternehmenskultur. Diese haben sich in wirtschaftlicher und menschlicher Hinsicht erstaunlich bewährt. – Die verantwortliche Führungs-GmbH ist verpflichtet, die Ziele dieser Unternehmenskultur zu wahren.

Die vorstehende Regelung zur Sicherung der Führungs- und Kapitalkontinuität ist als Bemühen zur gesellschaftlichen Weiterentwicklung einerseits und zur Sicherung der Unternehmenskontinuität andererseits zu verstehen. – Ich habe gute Gründe, an den Erfolg der getroffenen Regelung zu glauben. – Meiner Familie, den Führungskräften und den Mitarbeitern danke ich, daß sie bereit sind, gemeinsam diesen Weg zu erproben.

## Familientradition als Orientierungshilfe

Wenn wir die Kontinuitätssicherung in der Wirtschaft als gesellschaftliches Anliegen akzeptieren, sollten wir darüber nachdenken, welche Bestandteile der Familientradition in unserer Zeit der Innovation weiterführend sind. – Die Führungsaufgabe im Unternehmen ist nach Umfang und Schwierigkeitsgrad enorm gewachsen. Der Unternehmer als Repräsentant eines führungstechnischen Modells ist, wie wir im Mittelstand beobachten, insbesondere beim Generationswechsel in bezug auf die Aufrechterhaltung der Familientradition häufig überfordert. Im Interesse insbesondere der mittelständischen Unternehmen und der betroffenen Familien muß deshalb in solch einem Fall rechtzeitig die Lösung der Führungsergänzung durch einen Außenstehenden vorbereitet werden. – Ein Zeitraum von mindestens zehn Jahren zur Einarbeitung und Erprobung ist dabei wünschenswert.

Die Familienmitglieder und ihr Einfluß auf das Unternehmen sind aber durch die externe Führungslösung nicht ausgeschaltet. – Die Familienmitglieder stellen weiter das Kapital und haben Einfluß auf die Kontrolle der Ordnungsmäßigkeit sowie durch die Genehmigung wichtiger wirtschaftlicher Entscheidungen. Ihre Beschlüsse betreffen dabei nicht nur wirtschaftliche Fragen. Von besonderer Bedeutung für den Erfolg jeden Unternehmens sind vielmehr auch das strategische Zielverständnis sowie das Menschenbild der Führung. In dieser Richtung im Sinne der Familientradition Einfluß auszuüben und Bewährtes zu erhalten, ist führungstechnisch möglich und richtig.

Nicht alle modernen Zieldefinitionen sind weiterführend oder besser. Die Überbewertung der Rentabilität – zum Beispiel in den Kriterien »shareholder value« und »Gewinnmaximierung« – kann auch eine Beeinträchtigung der Leistungsfähigkeit des Unternehmens zur Folge haben. – Im Hause Bertelsmann hat die Familientradition beim Wiederaufbau nach dem Kriege eine wegweisende Rolle gespielt. Obwohl Überlieferungen, Besitzstände und konservative Strukturen durch die Zerstörung in Frage gestellt wurden, glaubten wir damals, daß Identifizierung und Kooperation aller Beteiligten mehr Kreativität und Leistung auslösen würde als die in Deutschland übliche Streitkultur zwischen Kapital und Arbeit. – Die überraschend erfolgreiche Unterstützung der Führung durch die von uns entwickelte Unternehmenskultur ist wohl nicht zufällig bei Bertelsmann entstanden. Sie ist vielmehr das Ergebnis einer in fünf Generationen entwickelten Haltung und Tradition. – Nach meiner Entscheidung haben wir damals aufgebaut auf den gedanklichen Fundamenten der Gerechtigkeit, Menschlichkeit und Partnerschaft. Diesen Weg haben wir gemeinsam und in stetem Dialog erprobt. Angesichts unserer Erfahrungen und Erfolge bin ich heute der Überzeugung, daß das Ordnungsmodell der Unternehmenskultur die Antwort auf die in unserer Zeit offene Frage nach der Führungsfähigkeit darstellt – und zwar nicht nur für den Bereich der Wirtschaft, sondern auch in allen anderen gesellschaftlichen Funktionen.

Hier haben also eine Familientradition und ein dadurch geprägtes Menschenbild zu einem Ordnungssystem geführt, das sowohl den Anforderungen als auch dem heutigen Selbstverständnis der Menschen entsprach. – Dieses Konzept der Unternehmenskultur ist, wie wir bei der Internationalisierung unseres Unternehmens erfahren haben, nicht nur in Deutschland anwendbar. Auch in anderen Ländern bewähren sich die entscheidenden Komponenten unserer Unternehmenskultur – weil sie auch dort dem heutigen Selbstverständnis der Menschen entsprechen. – Darf aus diesen Erfahrungen mit dem Einfluß der Familientradition ein Schluß gezogen werden auf die Weiterentwicklung der Führungstechnik in der Wirtschaft?

Mir ist deutlich, daß unter der Einwirkung der Liberalisierung und einem heute fragwürdigen Zielverständnis der Selbstverwirklichung Zweifel entstehen können, ob Familien und ihre Tradition noch einen Beitrag zur Führungsfähigkeit leisten können. – In bezug auf diese neuen gesellschaftlichen Entwicklungen bin ich selbst sehr skeptisch. Ich vermute, daß wir das heute beanspruchte Maß an Freiheit und Bindungslosigkeit nicht durchhalten werden. Ich befürchte, daß das grenzenlose Staatsvertrauen im Sozialismus ein schlimmer Irrtum ist! – Nach meiner Überzeugung wird die Entwicklung der Zeit dogmatische und theoretische Systeme wieder in Richtung Menschlichkeit korrigieren. – Ein solcher Vorgang braucht aber viel Zeit. Die mühsame Aufgabe der Fortschreibung unseres Kulturverständnisses wird uns derzeit in vielfältiger Form international demonstriert. – Auch wir werden uns diesen zeitaufwendigen Lernprozeß wohl nicht ersparen können.

Kulturen gründen fest im Selbstvertrauen der Menschen. Sie haben sich in Jahrhunderten im Sinne einer Hilfestellung für die Menschen und ihrer staatlichen Ordnungen gebildet. Sie definieren Erfahrungen, Ansprüche und Pflichten, sie bestimmen unsere Gewohnheiten. Kulturen zu verändern heißt, den Menschen ein neues Selbstverständnis, neue Ordnungen und Gewohnheiten zu vermitteln. Jeder kann in unserer Zeit an sich selbst erfahren, wie herausfordernd eine solche Umstellung ist. – Früher gab es zwischen den Kulturen nicht selten kriegerische Auseinandersetzungen. Es ging dabei um Macht, Freiheit, Lebensstandard oder geistige Orientierung. Mir scheint, dieser Prozeß ist noch nicht beendet. – Das Entstehen einer Weltkultur mit allgemeingültigen Regeln wird in unserer Zeit angestrebt, aber wir sollten uns nicht täuschen: Eine neue Weltordnung erfordert einen riesigen Lernprozeß. Es könnte leicht sein, daß eine funktionsfähige Gestaltung internationaler Regelungen sich als eine Jahrhundertaufgabe erweisen wird.

Für den Beitrag, den die Familienkultur in der Führung von Wirtschaftsunternehmen spielen kann, sollten wir aus den Erfahrungen der Kulturgeschichte insbesondere ihre Prägekraft und Beharrlichkeit zur Kenntnis nehmen. – In unserer schnellebigen Zeit, die uns kaum die Möglichkeit läßt, den Änderungsbedarf in unserem überlieferten Ordnungssystem zu erfassen, erscheint es aber erwähnenswert, daß wir auch kulturelle Erfahrungen besitzen, die für die Zielentwicklung der menschlichen Gesellschaft weiterhin gültig und unverzichtbar sind. Ich verweise auf die Bausteine der geistigen Orientierung, welche aus menschlicher Wesensart resultieren und damit weitgehend unveränderbare Prämissen darstellen. – Ich leite aus diesen Folgerungen einerseits und aus meinem Verständnis der Führungsaufgabe andererseits den Gedanken ab, die in vielen Familien vorhandene kulturelle Erfahrung und Tradition in bezug auf ihren Wert zu erfassen und in der Unternehmensführung zu nutzen.

Die führungstechnische Integrierung des Familieneinflusses im Unternehmen ist eine Aufgabe für Experten. Sie muß erprobt und gestaltet werden. Solch eine Aufgabenstellung ist aber nicht so schwer zu bewältigen. – Viel wichtiger ist, daß wir das Potential der Familientradition für Führung und Kontinuitätssicherung erst einmal erfassen. – Das System der neuen Unternehmenskultur hat mich selbst als Folge der von ihr ausgelösten Kräfte überrascht. Die Unternehmenskultur könnte geeignet sein, einen Hinweis zu geben auf die dringliche Aufgabe unserer Zeit, die Welt führbar zu machen. – Meine Analyse der Familientradition und die Erprobung der Verwendbarkeit ihres Führungsbeitrages könnten sich als weitere wichtige Bausteine einer humanen Unternehmenskultur erweisen.

# IV Freiheit für den kreativen Menschen

## Leitbild der unternehmerischen Führung

Die Gründe, die zu der Aufspaltung der unternehmerischen Funktion in die Faktoren »Management« und »Finanzierung« geführt haben, wurden eingangs behandelt. Die Trennung hat einen umfangreichen Koordinationsmechanismus ausgelöst in dem Bestreben, die sich stärker differenzierenden Gruppeninteressen auf das Wohl des Gesamtunternehmens auszurichten. Diese Koordination verlangte Kompromisse. Die unverzichtbare Einbindung sozialer Mitarbeiterinteressen verkompliziert den Entscheidungsfindungsprozeß noch zusätzlich. Der Versuch der Steuerung dieser Führungsaufgabe mit Hilfe von umfangreichen Gesetzen und Vorschriften führte zwar zu einer besseren Berücksichtigung von Gruppeninteressen, die Qualität der

Unternehmensführung litt unter diesen Entwicklungen aber erheblich. Die den Unternehmer auszeichnende Befähigung, kreativ zu gestalten, seine Bereitschaft zum Risiko und seine Entschlossenheit, auf Fehler schnell zu reagieren, zeichnet die heute übliche Praxis in den Unternehmensführungen weniger aus. Mit Wissenschaftlichkeit in der Führungstechnik und Perfektion im Planungs- und Berichtswesen wurde versucht, die Führung zu verbessern und zu erleichtern.

Die zu beobachtende Stagnation und das nachfolgende Sterben vieler internationaler Großbetriebe belegen aber in unserer Zeit eindrucksvoll, daß diese Fortschreibung der Führungstechnik nicht sachgerecht war. Die Evolutions- und Leistungsfähigkeit der Unternehmen wurde durch die Bürokratisierung und Verkomplizierung zu stark beeinträchtigt. So ist festzustellen, daß die Aufgabe der Unternehmensführung heute nicht mehr annähernd so erfolgreich bewältigt wird wie ursprünglich vom Eigentümer-Unternehmer.

Wir müssen uns die Frage stellen, warum diese Entwicklung in der Unternehmensführung falsch gelaufen ist, und ob ein anderer führungstechnischer Ansatz bessere Leistungen zeitigen kann. Bei solchen Grundsatzüberlegungen scheint es mir angebracht, darüber nachzudenken, ob wir in unserer Zeit bei dem Bemühen, mit den komplizierten Aufgabenstellungen fertig zu werden, nicht viel zu eingleisig und schematisch gedacht haben. Wir haben zwar in der Wirtschaft gelernt, hochdifferenzierte Planungs- und Kontrollmethoden zu entwickeln. Die Wirtschaftswissenschaft beschäftigt sich mit dieser Ausfächerung bis zum Exzeß. Bei dieser Entwicklung und angesichts des riesigen Wissensstoffes wurde es auch notwendig, alle wichtigen Teilfunktionen zu spezialisieren – und sie wissenschaftlich zu untermauern. Zu mehr Systematik hat das gewiß geführt, aber nicht zu mehr Kreativität und Urteilsfähigkeit der betroffenen Führungskräfte. Die gedanklichen Beiträge der Spezialisten können doch nur dann wirkungsvoll sein, wenn sie von Persönlichkeiten koordiniert und bewertet werden, die die ursprüngliche unternehmerische Gestaltungsbefähigung besitzen. – Solche Persönlichkeiten resultieren aber ebensowenig aus dem Hochschulstudium wie aus der scheinbaren Perfektion eines hierarchisch und mit vielen Vorschriften durchorganisierten Betriebes. Die Richtigkeit dieser Aussage belegt der Personalmarkt für Führungskräfte. – Es gibt relativ viele Spezialisten und Experten und leider nur viel zu wenige eigenständige und unternehmerisch erfahrene Führungskräfte.

Gegen diesen Mißstand muß auch die Führungslehre angehen. Junge Führungsnachwuchskräfte müssen viel eher und mehr eigene und volle Verantwortung in kleinen Firmeneinheiten oder Profit-Centern übernehmen. In dieser Verantwortlichkeit tritt ein Lernprozeß ein, den die Hochschule nicht vermitteln kann. Durch die Übernahme der alleinigen Verantwortung, durch Fehler und Erfolge kann eine unternehmerische Schulung bewirkt werden, die durch Theorie überhaupt nicht zu ersetzen ist.

Dazu gehören dann allerdings auch »unternehmerische« Arbeitsbedingungen! Das sind insbesondere eine konsequente Dezentralisierung der Verantwortung, ein großer Gestaltungsfreiraum, das Recht, auch einmal aus Fehlern zu lernen, die Einlage eigenen Kapitals in das geführte Profit-Center und die überwiegende Vergütung im Sinne einer Erfolgsbeteiligung. Ich selbst habe erfahren, daß ein solcher Ausbildungsgang praktikabel ist und zur Entwicklung von unternehmerischen Führungspersönlichkeiten auf allen Ebenen der Führungspyramide führt. Die sich aus dieser Struktur ergebende Motivation der Führungskräfte einerseits und die Befähigung andererseits haben sich in unserem Hause als das Fundament unserer Evolutionsfähigkeit und des anhaltenden wirtschaftlichen Erfolges erwiesen. Wir können nicht verhindern, daß die Aufgabenstellung in der Unternehmensführung immer komplizierter wird, aber wir können sehr wohl dafür sorgen, daß genügend unternehmerisch geschulte und handelnde Führungskräfte vorhanden sind. Mit dieser Konzeption kann jedenfalls die heutige Führungsaufgabe in der Wirtschaft entscheidend erleichtert werden.

## Grenzen der Selbstverwirklichung in der Führungsverantwortung

Die große Bedeutung von Vorbildern für die Entwicklung einer Gesellschaft ist uns aus dem Verlauf der Geschichte – im Guten wie im Bösen – verdeutlicht worden. Unsere heutige Staatsform der Demokratie ist bemüht, aus diesen Erfahrungen einen menschengerechten Weg zu entwickeln, der Begabten eine Chance gibt und unverträgliches Verhalten erschwert. – Die historischen Erfahrungen in großen Hierarchien belegen, daß das menschliche Bestreben nach Sicherheit zu Formelhaftigkeit und Statik führt, die jede Innovation ersticken. Heute begreifen wir in unserer Zeit globalen Wettbewerbs, daß man mit Verfügungen und Disziplin zwar Fehlverhalten erschweren, aber den Fortschritt nicht erzwingen kann. Und wir erkennen, daß selbst Größe und Macht keine Garanten für die Zukunftsfähigkeit sind. Vielmehr zeigt sich, daß Freiraum für die Kreativen und Verantwortlichen zu den Bedingungen gehören, die das Leben einer Gesellschaft in unserer Zeit menschlicher machen.

Freiheit ist also eine unverzichtbare Prämisse unserer Gesellschaft. Aber nur so eine Gesellschaftsordnung ist erträglich, in der die Freiheit auch verantwortungsbewußt gewährt und in Anspruch genommen wird. Diese Grenze zu definieren, ist eine ständig neue und schwierige Aufgabe, um die der Staat und seine politischen Vertreter bemüht sein müssen. – Die heute erforderliche Führungsfähigkeit kann offensichtlich nicht durch mehr Vorschriften gewährleistet werden. Im Gegenteil: Vorschriften zementieren häufig Besitzstände und Gewohnheiten. Sie müssen in Frage gestellt werden. Die Prämissen unserer Lebensbedingungen haben sich verändert. Wir sind gezwungen, Konsequenzen zu ziehen. – Zur Bewältigung dieser Anforderung gehören Befähigung, Verantwortungsbewußtsein und Mut. Und dazu gehört aber auch – und zwar in allen Lebensbereichen – mehr Freiraum. – Wir müssen lernen, die früher gut gemeinten Ziele im Sinne von Schutz und Ordnung in ihrem Wert abzuwägen gegenüber dem heutigen Bestreben nach Fortschritt und Menschlichkeit. – Die neue Zielsetzung ist unbequem und herausfordernd. Aber angesichts des Wettbewerbs der Ordnungssysteme müssen wir uns dieser Herausforderung stellen. – Wer will schon zu den Verlierern gehören?

Für unsere Führungskräfte erwächst daraus nun die schwierige Gestaltungsaufgabe, entstehenden Freiraum auszufüllen bei gleichzeitigem Abwägen der gesellschaftlichen Verträglichkeit der Maßnahmen. – Nach meiner Ansicht muß am Anfang eines jeden neuen Weges die Zielbestimmung stehen. Um diese Forderung am praktischen Beispiel eines Wirtschaftsunternehmens zu demonstrieren, definiere ich beispielhaft ein solches neues Zielverständnis:

1. Das übergeordnete Ziel eines Unternehmens ist sein Leistungsbeitrag für die Gesellschaft.

2. Im Rahmen dieser Vorgabe können die Ziele von Führung, Arbeit und Kapital angestrebt und koordiniert werden.

In dem von mir zuvor geschilderten System der Unternehmenskultur wurden diese Grenzen des Freiraums der drei Wirkungskomponenten geschildert. – Nachstehend möchte ich dazu noch Ergänzungen machen im Hinblick auf das Verhalten der Führungskräfte bei der Wahrnehmung ihrer Verantwortung und Interessen.

Nach meiner Überzeugung darf es in unserer Zeit für die Legitimierung einer Führungskraft letztlich nur die nachgewiesene Befähigung geben. Zertifikate und Mandate können zwar einen Anhalt für die Beurteilung der Persönlichkeitsstruktur geben, aber letzten Endes muß der erzielte Erfolg für die Fähigkeit einer Führungskraft sprechen. – Führungsfähigkeit muß sich aber auch ausdrücken in der Fähigkeit zur Menschenführung. Sachkompetenz und Kreativität sind heute von großer Bedeutung. Der Erfolg in der Menschenführung hat aber größeren Einfluß. Er setzt eine vorbildliche Haltung sowie die Fähigkeit voraus, Menschen zu verstehen und zu motivieren. Nach unserer Erfahrung mit der Unternehmenskultur wird langfristig die Menschenführung über den Erfolg entscheiden. – Entsprechend muß dann auch ein Unternehmen, das sich die Unternehmenskultur zu eigen gemacht hat, Anforderungen an seine Führungskräfte stellen.

Diese Hervorhebung der Fähigkeit zur Menschenführung möchte ich noch einmal gesondert begründen. – Bei aller Wertschätzung der unternehmerischen Begabung in unserer Wirtschaftsordnung ist es angesichts der zunehmenden Erschwerung der Führungsaufgabe unverzichtbar, Teile der Verantwortung nach unten zu delegieren. – Die Führungstechnik der Delegation der Verantwortung kann aber nur dann wirklich hilfreich und erfolgreich sein, wenn die Menschen, welche die Verantwortung übernehmen sollen, in der Lage und bereit sind, sich mit den gesetzten Zielen und dem zugrunde liegenden Menschenbild zu identifizieren. Nur dann gelingt die Methodik der Delegation der Verantwortung. – Identifikation und Vertrauen sind unverzichtbar in einer Führungstechnik, in der nicht jeder Schritt durch Vorschriften geregelt werden soll – sondern wo Freiheit zur Innovation gewährt und Mut zum Risiko geschätzt wird.

Mit Hilfe des Systems der Delegation der Verantwortung können wir erwiesenermaßen ein riesiges Potential unerschlossener Initiative und Kreativität aktivieren. Und auf diesem Wege ist es möglich, zugleich auch die Innovations- und Steuerungsfähigkeit der Führung in der Wirtschaft zu verstärken. Heute muß ein Unternehmen diese Möglichkeit nutzen. Aber das kann der Führung nur gelingen, wenn sie sich selbst entsprechend diszipliniert und an die Spielregeln hält. – Vorbild zu sein ist führungstechnisch sehr hilfreich – wenn auch für die Betroffenen nicht bequem. Wer eine vorbildliche Haltung verlangt, muß insbesondere in der Unternehmenskultur das Fundament der Glaubwürdigkeit durchsetzen!

Im Rahmen der Bewertung der Vorteile der Unternehmenskultur muß ich im Hinblick auf die Führung darauf hinweisen, daß diese neben Stärken auch von menschlichen Schwächen betroffen ist. – Wir wissen, daß man durch Schulung und Beratung auf Menschen Einfluß nehmen kann. Dies gilt im Sinne des Führens durch Vorbild. Es gilt aber auch in bezug auf Fehler, die Führungskräfte als Folge menschlicher Schwächen machen. – Dazu nachstehend einige typische Beispiele:

- Führungskräfte mit ausgeprägtem Leistungsstreben sind nicht selten auch getrieben von Geltungssucht und Eitelkeit. – Im Sinne der von uns geforderten Leistungsgerechtigkeit darf jede Führungskraft auch stolz auf ihren Erfolg sein. – Nicht immer gelingt es dabei aber, den persönlichen Leistungsbeitrag von der Tätigkeit der Mitarbeiter und dem Beitrag des Unternehmens zu unterscheiden. Eine egozentrische Überbewertung der persönlichen Leistung kann dann ungerecht, verletzend und demotivierend wirken.
- Auch der häufig zu beobachtende Versuch des Aufstiegs durch Machtstreben muß in diesem Zusammenhang kritisiert werden. – Nicht selten resultiert Machtstreben aus unzureichender Befähigung und falschem

Ehrgeiz. – Wenn diese unglückliche Veranlagung dann noch durch Arroganz überspielt wird, ist die Führungskompetenz in Frage gestellt.

- Als ganz besonders erschwerend für die Kooperation im Unternehmen ist nachgewiesene Unverläßlichkeit. – Wer keinen Mut hat, zur Wahrheit zu stehen, und wer Fehler nicht zugeben kann, wird bald – und zwar auf Dauer – das Vertrauen aller verlieren. – In einem partnerschaftlichen Unternehmen muß man sich aufeinander verlassen können.
- Die Unternehmenskultur ist bemüht, durch Erfolgsbeteiligungen mehr materielle Gerechtigkeit zu schaffen. Dieses Bestreben wirkt bei allen Beteiligten sehr motivierend – solange der Leistungsbezug glaubhaft ist! – Große Einkommensunterschiede können gerecht sein. Der Maßstab der Gerechtigkeit muß aber für alle gelten.

Abschließend möchte ich insbesondere den Führungskräften noch einmal meine Überzeugung bestätigen, daß wir mit dem Ordnungssystem der Unternehmenskultur eine große Chance erschlossen haben. In den vergangenen Jahrzehnten durften wir erfahren, daß sich alle Beteiligten vom Kapital über die Führung bis zur Arbeit mit dieser Ordnung identifizieren können. – Ich rufe deshalb besonders die Führungskräfte, die den entscheidenden Erfolgsbeitrag in unserem Unternehmen zu verantworten haben, auf, durch ihr Vorbild die Unternehmenskultur zu festigen und zum Erfolg zu führen. – Es ist mir deutlich, daß diese Forderung einigen Führungskräften Grenzen setzt, die sie als hinderlich empfinden. Ich habe durchaus

Verständnis dafür, daß es unterschiedliche Auffassungen über das Menschenbild in unserer Zeit gibt. Wir haben uns aber gemeinsam und mit großem Erfolg für das Menschenbild entschieden, das hinter unserer Unternehmensverfassung steht. Ich bitte unsere Führungskräfte deshalb dringend, sich mit dieser Frage zu befassen und durch ihr Verhalten zu beweisen, daß sie sich mit dem Zielverständnis unseres Unternehmens identifizieren.

**Fazit**

Die Rahmenbedingungen für den Unternehmer der Vergangenheit lassen sich nicht wiederherstellen. Wir müssen aber begreifen, daß der unternehmerische Führungsstil auch in unserer Zeit nichts von seiner Wirksamkeit eingebüßt hat. Wir brauchen uns nur zu entschließen, in der Wirtschaft unternehmerische Arbeitsbedingungen für die Führungskräfte zu schaffen. Daß dies eine realistische und erfolgreiche Strategie ist, wurde in vielen mittleren und größeren Unternehmen bewiesen.

Unternehmerische Arbeitsbedingungen verlangen sehr viel mehr Gestaltungsfreiraum und eine entsprechende Fortschreibung der Führungstechnik. Berührt wird von solch einer Reform insbesondere auch das Interesse des Kapitals. Ohne sachgerechte Zugeständnisse der Kapitaleigner in bezug auf Gewährung von Beteiligungen für die Führungskräfte werden in unserer Wirtschaft wohl wie bisher Manager wachsen, nicht aber Unternehmer! Und gerade die brauchen wir, wenn wir den Aufgaben der Zukunft gerecht werden wollen.

Für die Führung in unserer Wirtschaft folgt daraus die neue Zielsetzung, unternehmerische Führungsbedingungen zu schaffen. An dieser Fortschreibung sollten im eigenen Interesse auch die Faktoren »Kapital« und »Arbeit« interessiert sein. – Von der Wissenschaft sollte man sich wünschen, daß der notwendige Prozeß analysiert und helfend begleitet wird. Mir erscheint es unstrittig: Der Unternehmer wird wieder gebraucht!

## Freiheit als Bedingung der Innovation

In der Geschichte der Menschheit kamen Ordnungsstrukturen vorwiegend unter dem Einfluß von Macht zustande. Dabei konnte die Macht sowohl auf militärischer als auch geistiger oder wirtschaftlicher Überlegenheit beruhen. – Die Repräsentanten der Macht waren um Ausbau und Erhalt ihrer Position bemüht. Das Bewahren von Tradition und Kultur versprach Sicherheit und Beständigkeit. Gegen äußere Bedrohung hatte man sich zu rüsten. Interne gesellschaftliche Weiterentwicklungen – gleich welcher Art – waren nicht erwünscht. Unter diesen Bedingungen konnte oft über lange Zeiträume der Anspruch vererbter Macht wahrgenommen werden. Dieses Resultat muß allerdings relativiert werden, denn die Stabilisierung der Ordnungsstrukturen war mit Unfreiheit und mit einem niedrigen Bildungs- und Lebensstandard verbunden. Die Lern- und Entwicklungsfähigkeit solcher Kulturen war, gemessen am Zeitbedarf, sehr gering.

Unsere Zeit hat für den Erfolg von Gesellschaftsordnungen und Kulturen andere Prämissen geschaffen. Nicht mehr die Bewahrung des Überlieferten ist die gesellschaftlich dominierende Zielsetzung, sondern das Erreichen von mehr Wohlstand, Bildung, Gerechtigkeit und Selbstverwirklichungschancen. Als gesellschaftlicher Rahmen für dieses neue Zielverständnis wurde die Demokratie etabliert. Es oblag den demokratischen Regierungen, Ordnungen und Politik nach dem Willen ihrer Wähler zu gestalten. – Aus der Natur der Sache heraus mußte dabei ein Kompromiß zwischen Absicherung und Fortschritt erreicht werden.

Das neue gesellschaftliche Zielverständnis stellte die überkommenen Machtstrukturen in Frage. Nur bei inhaltlicher Akzeptanz und ausgewiesener Fähigkeit werden heute Führungsansprüche legitimiert. Überkommene Besitzstände können immer weniger verteidigt werden, wie wir das zum Beispiel auch bei den staatlichen Strukturen beobachten. Dieser gesellschaftliche Wandel verlangt von den Menschen unserer Zeit einen ungeheuren Lernprozeß in – geschichtlich betrachtet – sehr kurzer Zeit. Die Schnelligkeit des Wandels liegt dabei nur teilweise in der Entscheidungskompetenz nationaler gesellschaftlicher Ordnungen. Die Welt ist in vielen Lebensbereichen längst eine Einheit geworden, die auf nationale Eigenständigkeiten wenig Rücksicht nimmt. Ganz besonders gilt das für die unseren Lebensstandard bestimmende Leistungsfähigkeit der Wirtschaft. Heute ist unser Land in vollem Umfang dem internationalen Wettbewerb ausgesetzt. Es erfährt dabei sowohl große wirtschaftliche Möglichkeiten als auch Leistungszwänge und eine zunehmende Begrenzung der eigenen politischen Handlungsmöglichkeiten.

In früheren Jahrzehnten hat die Leistungsfähigkeit unserer Gesellschaft ebenso wie unsere Lernfähigkeit die sich abzeichnende Internationalisierung nicht als Bedrohung empfunden. Inzwischen haben wir jedoch erfahren müssen, daß nicht nur der wirtschaftliche Konkurrenzkampf, sondern auch die geistige Entwicklung und die Ausgestaltung unserer politischen Ordnung zu einer Beeinträchtigung unserer Wettbewerbsfähigkeit führen können. – Die gesamte gesellschaftliche Ordnung in unserer Zeit ist zu hinterfragen, wenn die wirtschaftliche Wettbewerbsfähigkeit gefährdet erscheint. Wir müssen zur Kenntnis nehmen, daß aus dem früheren Wettbewerb der Volkswirtschaften längst ein ganzheitlicher Wettbewerb der gesellschaftlichen Ordnungssysteme entstanden ist. – Die Entwicklungen der letzten Jahre in unserem Land werfen die Frage auf, ob in dieser Hinsicht nicht möglicherweise ebenso großer Reformbedarf besteht wie in bezug auf die Wirtschaft.

**Kreativität in der Wirtschaft**

In einer Zeit des Wandels und des Wettbewerbs müssen wir uns Rechenschaft ablegen über unsere Stärken und Schwächen. In bezug auf die wirtschaftliche Entwicklung unseres Landes in diesem Jahrhundert hat nach meiner Überzeugung die Kreativleistung des Unternehmers eine überragende Rolle gespielt. Die Wahrnehmung von Gestaltungsmöglichkeiten mit neuen Produkten in erweiterten Märkten muß als eine exemplarische Führungsleistung gewertet werden. Keine andere heutige Führungskonzeption in der Wirtschaft hat diese Effizienz bei der Koordination von Einflußfaktoren erreicht. – Nur als historische Anmerkung: Als schlechteste Führungsvariante erwies sich die Kombination staatlicher Wirtschaftslenkung mit autoritären Führungsstrukturen.

Die gesellschaftspolitisch notwendige Begrenzung des liberalen Kapitalismus zeichnet nicht allein dafür verantwortlich, daß die unternehmerische Führungstechnik in unserer Zeit zunehmend versagt. Die Anforderungen an die Unternehmensführung sind enorm gestiegen. Kompliziertere Aufgabenstellungen, härtere Konkurrenzbedingungen und ein hoher Innovationszwang überfordern oft die Führungsspitze unserer Unternehmen. Die kritische Situation vieler mittelständischer Unternehmer verdeutlicht diesen Prozeß. – Die politisch zu vertretende Wahrnehmung gesellschaftlicher Belange hat die Möglichkeit des Unternehmers zur Eigenkapitalbildung stark eingeschränkt. Die theoretische Alternative mit Hilfe einer Kapitalgesellschaft hat mit den Prämissen unternehmerischer Arbeitsweise kaum noch etwas gemein. Täglich erfahren wir, daß das Kapital nicht mehr führungsfähig ist und andere Ziele verfolgt als die Exekutive.

Angesichts dieser Entwicklungen und der daraus resultierenden unzureichenden Leistungsfähigkeit der deutschen Wirtschaft erhebt sich die Frage, ob es weiterführende Wirtschaftskonzepte oder Führungsalternativen gibt. – Wir sollten bei diesen Überlegungen die Möglichkeiten staatlicher oder politischer Interventionen nur begrenzt bewerten.

In den großen deutschen Aktiengesellschaften hat man sich in der Vergangenheit bemüht, mit Hilfe der vom Aktiengesetz vorgegebenen Formen des Kollegialvorstandes durch Aufgabenverteilung zu einer besseren Führungsleistung zu kommen. Die Position des Vorstandsvorsitzenden wurde dabei unterschiedlich wahrgenommen: mal in der hergebrachten Form der unternehmerischen Führung, mal eher im Sinne eines Koordinators. Der zunehmend erkennbaren Problematik einer größer werdenden Entfernung der Hierarchiespitze vom Marktgeschehen begegnete man mit einer Verfeinerung des Planungs- und Berichtswesens. In dieser Entwicklung war der Trend zur Bürokratisierung mit all seinen Nachteilen unverkennbar.

Dieser Führungsstil mit seinem hohen Zeit- und Koordinationsbedarf war der nicht sachgerechte Versuch, angesichts veränderter Aufgabenstellungen einen Ausweg zu finden. Von einer qualitativen Weiterentwicklung gegenüber der unternehmerischen Führungstechnik kann dabei aber keine Rede sein. Der Unternehmer koordinierte und gestaltete die auf die Unternehmensleistung einwirkenden Faktoren schnell und sachgerecht. Die heutige Entwicklung muß als gescheiterter Versuch der Systemfortschreibung charakterisiert werden. – Zu dieser Misere hat die Spaltung der Exekutivfunktion vom Kapitalbesitz erheblich beigetragen. Die Bestimmungen des Aktiengesetzes in bezug auf die Tätigkeit des Aufsichtsrates dienen vielleicht der Sicherung des Kapitals; für die unternehmerische Bewältigung der Führungsaufgaben sind sie nicht hilfreich. – Sicherlich ist es sehr viel schwieriger geworden, bei den Entscheidungen alle relevanten Faktoren und Interessen einzubeziehen. Die bisherigen Fortschreibungsversuche sind aber unzureichend.

Angesichts dieser führungstechnischen Misere ist die Frage aufzuwerfen, ob aus der ursprünglich so erfolgreichen unternehmerischen Führungstechnik nicht doch Elemente für eine kreative und effiziente Aufgabenbewältigung abgeleitet werden können. Es ist unzweifelhaft, daß wir mit unseren derzeitigen Methoden der Führungstechnik die anstehenden Aufgaben nicht bewältigen können, weder in der Wirtschaft noch in der staatlichen Verwaltung. – Was wir angesichts der gegenwärtigen Erfordernisse des Marktes brauchen, sind Führungskräfte, die in überschaubaren Einheiten des Unternehmens in der Lage sind, schnell und kreativ auf neue Gegebenheiten zu reagieren. Die Führungstechnik der Dezentralisierung und der Delegation der Verantwortung muß dazu konsequent angewandt werden. Die zuständigen Geschäftsführer brauchen unternehmerischen Freiraum – und auch das Recht, Fehler zu machen und aus ihnen zu lernen. In ihren Profitcentern sollten sie eigenes Geld investieren und so die Steuerungsfunktion und Interessenlage des Kapitals in unternehmerischer Weise erfahren. Das gilt sowohl für Anreize als auch für Sanktionen. – Die Führungsfunktionen an der Spitze eines großen Unternehmens erhalten dann einen anderen Charakter. Die Unternehmensleitung kann sich vermehrt mit Strategie, Grundsatzbildung, Koordination und Kontrolle befassen. Auch diese Funktionen bedürfen unternehmerischer Erfahrung.

Die in unserem eigenen Unternehmen gemachten Erfahrungen bestätigen in hervorragender Weise die dargestellte führungstechnische Möglichkeit. Zugleich werden bei einem solchen Einsatz von Führungskräften statt Managern

»Unternehmer« herangebildet, welche die sachgerechte Gestaltung und Kombination aller Einflußfaktoren beherrschen. Zur Sicherung der Leistungsfähigkeit und der Kontinuität eines Unternehmens sind diese unternehmerischen Führungskräfte von besonderer Bedeutung.

Die Frage ist aufzuwerfen, warum eine solche Art des Einsatzes von Führungskräften nicht schon häufiger erfolgt. Mehrere Gründe möchte ich dazu aufführen:

- Viele große Firmen – ähnlich wie die staatliche Verwaltung – glauben, mit zentralistischer Führung und einer Vielzahl von Vorschriften Fehler vermeiden zu können. Man traut den untergeordneten Führungskräften die eigenständige Problemlösung nicht zu und verhindert damit den unternehmerischen Lernprozeß.
- Die Kapitaleigner möchten häufig den Kapitalertrag nicht teilen und verhindern in Wirklichkeit die Verbesserung ihrer Gewinnchance.
- Oft befürchten Kapitalgeber und Manager eine Komplizierung der Kapitalstruktur durch die Beteiligung von Führungskräften. – Diese Problematik ist aber in der Praxis ganz einfach zu vermeiden.

Wenn in unserer Zeit immer wieder über den Verlust unternehmerischer Kompetenz geklagt wird, liegt das wohl auch an geänderten und schwierigeren Arbeitsprämissen, aber vor allem an unserem Unvermögen, das vorhandene Kreativpotential in der Führung unternehmerisch auszubilden und einzusetzen. Wir müssen begreifen, daß heute – und vermehrt in der Zukunft – die Qualität die wichtigste Erfolgskomponente unserer Führung darstellt. Die Führungsbefähigung wird sich dabei weniger in perfektioniertem Wissen als in kreativer Begabung und Gestaltungskraft ausdrücken. Für diese Menschen bedeutet die Hochschulbildung sicherlich ein nützliches Werkzeug. Ihre eigentliche Ausbildung müssen sie aber in der Praxis der Wirtschaft erfahren. Nur hier können sie ihre unternehmerische Befähigung erlernen und beweisen. Dies gilt insbesondere, vermehrt in der Zukunft, für ihre Fähigkeit, Menschen zu führen. – Nicht »Kapital und Arbeit« werden in der Zukunft das Schicksal unserer Wirtschaft bestimmen, sondern das große unerschlossene Potential kreativer und unternehmerischer Menschen. Ihre Führungslegitimation wird nicht mehr der Kapitalbesitz sein, sondern ihre Befähigung zu unternehmerischer Führung.

Zusammenfassend meine Auffassung zum Problem der Führung im Großunternehmen: Wir müssen das vorhandene Kreativpotential für die Führung in unserer Wirtschaft wieder entdecken, erschließen und einsetzen. Anders formuliert: Wir müssen dem kreativen Menschen wieder Freiheit gewähren!

Daß ein solcher Einsatz von Führungskräften möglich und erfolgreich ist, habe ich selbst erfahren. Ich muß aber an dieser Stelle darauf hinweisen, daß dazu einige Prämissen gegeben sein müssen:

- Nur bei einer sorgfältigen Personalarbeit im Bereich des Führungskräftenachwuchses tritt der Erfolg ein. Bei der Auswahl von Führungskräften muß die Persönlichkeitsstruktur höher bewertet werden als das Hochschulzeugnis.
- Freiheit aufgrund delegierter Verantwortung setzt eine Identifikation mit der Aufgabenstellung voraus. Durch die Definition der Zielsetzung, das Führungsverhalten

und die materielle Vergütung müssen diese Grundlagen der Motivation geschaffen werden.
- Gute Führungskräfte stellen Ansprüche an ihre Karriere. Das regelmäßige Personalgespräch muß Klarheit über die Zukunft schaffen.

Während wir in den Großbetrieben wieder zu einem unternehmerischen Führungsstil zurückfinden sollten, geht es bei den kleineren und mittelständischen Betrieben um die Bewahrung der unternehmerischen Führungstechnik. Auch in diesen Betrieben ist es angesichts veränderter Aufgabenstellungen notwendig zu delegieren – und die dazu erforderlichen Voraussetzungen der Motivation zu schaffen. Die Einwände der Unternehmer gegen die Delegation der Verantwortung oder auch Beteiligungsregelungen sind mir bekannt. Ich halte diese Auffassungen für verständlich – aber für falsch! Auch der mittelständische Unternehmer sollte bemüht sein, die kreative Befähigung seiner Mitarbeiter zur Geltung zu bringen – und die führungstechnischen Voraussetzungen dafür zu schaffen. – Die »Investitionen« in Menschen sind die erfolgreichsten – und am ehesten geeignet, die Unternehmenskontinuität zu sichern.

**Kreativität im Staat**

Ich möchte nun die Frage untersuchen, ob im Bereich unseres Staates mit seinen vielerlei Dienstleistungsfunktionen die vorstehenden Gedanken in ähnlicher Weise berücksichtigt werden können. – Daß die Leistungsfähigkeit unseres Staates ebenso wie sein Finanzbedarf unbefriedigend ist, dürfte der vorherrschenden Auffassung in unserem Land entsprechen. Wie ist es zu dieser Situation gekommen?

Daß Gesellschaften ohne sachgerechte Ordnungen nur schlecht leben können, ist international an vielen Beispielen zu belegen. Den ursprünglichen Vorschriften unseres Staates lag das Ziel zugrunde, Ordnung und Gerechtigkeit für jedermann zu gewährleisten. Diese Aufgabe wurde nach meiner Auffassung zu seiner Zeit in unserem Lande in recht guter Weise bewältigt. Die Ordnung erfüllte allerdings nur solange ihren Zweck, wie stabile Prämissen bestanden. Solche Voraussetzungen sind in unserer Zeit nicht mehr gegeben. So reicht es für unseren Staat nicht mehr, Ordnung zu wahren; wir müssen vielmehr auch im Kompetenzbereich unseres Staates – bei einer Staatsquote vom Bruttosozialprodukt von nahezu fünfzig Prozent – evolutionsfähig und effizient arbeiten. Andernfalls erschweren wir die Handlungsfähigkeit der Politik ebenso wie die Wettbewerbsfähigkeit unserer Wirtschaft.

Wenn wir für die Wirtschaft das Prinzip der Dezentralisierung und unternehmerischen Freiraum fordern, stellt sich die Frage, in welcher Weise unser Staat reformiert werden kann – ohne die Vorgaben der Ordnungsmäßigkeit und des gleichen Rechts aller Bürger zu gefährden.

Der Gleichheitsanspruch der Bürger führte in der Vergangenheit bei der Weiterentwicklung staatlicher Dienstleistungen und Vorschriften zu einer perfektionistischen Vorgabe der Ziele sowie der Zielerreichung. Eine gar nicht mehr zu übersehende Flut von Gesetzen und Vorschriften bewirkte, daß weder die verantwortlichen Staatsdiener noch die anspruchsberechtigten Bürger beurteilen konnten, was zu tun war bzw. wer was zu bekommen hatte. Seit geraumer Zeit ist der Gesetzgeber nicht mehr in der Lage, die Folgen der Durchführbarkeit seiner Anordnungen richtig zu beurteilen. Insbesondere können das nicht die Politiker, denen die entsprechende Erfahrung in der Umsetzung fehlt. Daß die Öffentlichkeit mit diesem unsinnigen, zeitraubenden und teuren Procedere unzufrieden ist, darf nicht verwundern. Nicht gleiches Recht für alle wird heute praktiziert – sondern allgemeine Ineffizienz, Kompliziertheit und Rechtsunsicherheit. Die ursprüngliche Begründung für die Ausgestaltung staatlicher Arbeitsweise hat ihre Berechtigung verloren.

Es ist lohnend zu prüfen, warum unsere Wirtschaft nicht in ein gleiches Dilemma geraten ist. – Das Konzept der Marktwirtschaft zielte auf Leistung und Evolutionsfähigkeit – zum Wohle der Bevölkerung. Weltweit wird heute akzeptiert, daß die ethische Qualität der Marktwirtschaft höher zu bewerten ist als der humane Anspruch früherer Versuche einer staatlichen Verteilungs- und Planwirtschaft. – Wir sollten prüfen, ob uns diese Erfahrungen einen Hinweis geben können für die offensichtlich notwendige Reform staatlicher Tätigkeit.

Der überwiegende Teil staatlicher Aufgaben kann als Dienstleistungsauftrag zugunsten der Bevölkerung interpretiert werden. Die zu erbringenden Leistungen müssen in unserer Zeit bei sich ständig verändernden Prämissen im Sinne eines optimalen Services zeitnah verändert werden, wie das im Bereich der Wirtschaft kontinuierlich geschieht. Die wesentliche Erklärung dafür, daß gleichartige Entwicklungen im Staat nicht eintreten, liegt in der einfachen Tatsache begründet, daß der Staat und seine Organe keinem spürbaren Wettbewerbsdruck ausgesetzt sind. Der langfristig wirkende Wettbewerb der Ordnungssysteme bringt für die aktuelle Situation keine hinreichenden Anstöße.

Diese Überlegung führt zu der Frage, ob es vielleicht nicht doch möglich ist, auch im Staat Wettbewerb auszulösen, und zwar ohne die Grundsätze der Ordnungsmäßigkeit und der gleichen Rechte aufzugeben. Dazu ist es notwendig, die Vorschläge zu interpretieren, staatliche Leistungen zu privatisieren. Ich glaube in der Tat, daß man große staatliche Bereiche mit solchen Maßnahmen reformieren kann. Große Zweifel habe ich aber, ob ein Soll- und Privatisierungskonzept bei vielen Funktionen – wie zum Beispiel beim Stadtmanagement, im Bildungswesen, im Gesundheitsbereich usw. – durchgängig und mit Vorteil zu verwenden ist. – Es besteht jedoch für mich kein Zweifel, daß man mit entsprechender Führungstechnik und der Nutzung von Bewertungskriterien auch im Staat leistungsorientiert führen kann. Diesen Beweis haben wir in der Bertelsmann Stiftung bei einer Vielzahl von Projekten erbracht. Alle staatlichen Leistungen können mit Hilfe von Effizienz- und Qualitätskriterien gemessen und bewertbar gemacht werden. Wir wissen, daß sich die wünschenswerten Wirkungen des Wettbewerbs auch im staatlichen Bereich herstellen lassen. Öffentliche Betriebsvergleiche und der Zwang zur detaillierten Jahresberichterstattung würden kurzfristig klarstellen, welche Leistungen für den Bürger in seiner Stadt gut und welche schlecht erbracht werden.

Daß die Ergebnisse eines solchen Leistungsvergleiches – von der Presse kommentiert – einen erheblichen politischen Druck auf die Verantwortlichen auslösen würden, ist unschwer vorstellbar. Die Presse würde mit dem allergrößten Vergnügen die Leistungen ihres Stadtmanagements für jeden Bürger verständlich kommentieren. Die Bürger wiederum würden im Sinne ihrer demokratischen Rechte bei ihren Repräsentanten Rechenschaft einfordern. Denn wer will in seiner Stadt schon schlechter bedient werden als andernorts? – So gibt es für mich keinen Zweifel, daß die Effizienz der Marktwirtschaft mit einer anderen Systematik auch im Staat ausgelöst werden kann.

Die Verwendung einer solchen Systematik erfordert allerdings auch eine andere Führungstechnik und andere Führungspersönlichkeiten. Unser Gesetzgeber müßte lernen, Vorschriften zu erlassen, die sich auf das Wesentliche konzentrieren und erfüllbar sind. – Ich weiß wohl, daß solch eine Zielsetzung das Beschreiten eines weiten Weges bedeutet. Aber ich weiß auch, daß dieser Weg gangbar ist. – In den USA gibt es in dieser Hinsicht verblüffend überzeugende Vorbilder.

Eine andere wesentliche Konsequenz hätte der Betriebsvergleich auch im Staat: Man würde plötzlich deutlich und für jedermann sichtbar erkennen, wo gut und wo schlecht geführt wird. In der Wirtschaft sind wir überzeugt, daß der Unternehmenserfolg von der Qualität der Führung abhängt. Im Staatsmanagement wäre das bei leistungsorientierter Führung nicht anders. – Bei entsprechenden Arbeitsbedingungen und Zielsetzungen würden sich dann aber auch solche Führungskräfte für die Aufgaben im Staat interessieren, welche die notwendige Kreativität und das unternehmerische Gestaltungsvermögen mitbringen.

Fazit: Meine Ausführungen über die Bedeutung der Kreativen für den Erfolg der Wirtschaft treffen in diesem Sinne in vollem Umfang auch auf den Staat zu. Wenn derzeit im Staat noch viel zu wenige Führungskräfte der notwendigen Qualifikation vorhanden sind, liegt das in erster Linie an der Antiquiertheit des Systems. Welche gute Führungskraft plant schon seine Karriere in einem Bereich, der nur wenige Chancen bietet und gute Ergebnisse so schlecht honoriert? – Wenn wir aber den Mut haben, unseren Staat im Sinne der Leistungsorientierung zu reformieren, werden sich die notwendigen Führungskräfte auch einstellen. Auch im Staat wird es dann heißen: »Freiheit für den kreativen und unternehmerischen Menschen!«

Daß die Realisierung einer solchen Reform schwierig ist, kann niemand bestreiten. Der zuständige Dienstherr des Staates, die Politik, hat in diesem Bereich der Führungstätigkeit keine Erfahrung. – Trotzdem: Wir sind gezwungen, in unserem Staat Arbeitsbedingungen zu schaffen, die Motivation und Leistung auslösen und für Kreative einen Anreiz darstellen. – Zur Zeit mag unsere Einsichtsfähigkeit und Handlungsbereitschaft zu einer solchen Reform noch unzureichend ausgebildet sein. Trotzdem: Es gibt Zeichen, die Hoffnung auf Wandel und Fortschritt rechtfertigen. Der immer deutlicher und drängender werdende globale Wettbewerb der Systeme wird dafür sorgen, daß auch unser Staat aus seiner Lethargie erwacht. Diese existentiellen Zwänge werden uns mit großer Wahrscheinlichkeit schneller voranbringen als unsere Einsichtsfähigkeit.

## Kreativität in der Politik

Daß sich die Bedingungen für den Aufgabenbereich der Politik wesentlich geändert haben, ist offenkundig. Heute muß die Frage gestellt werden, ob die Fähigkeit der Politik zur Bewältigung dieser Führungsaufgabe ausreicht – und ob im Bereich der politischen Systementwicklung genügend Fortschritte gemacht werden. Die Situation in unserem Lande, ebenso wie in vielen anderen westlichen Demokratien, spricht keineswegs für eine ausreichende Führungsfähigkeit. Zwar gibt es im internationalen Vergleich einige Beispiele guter demokratischer Ordnung, insgesamt erscheinen mir aber in bezug auf die westlichen Demokratien die vom Club of Rome formulierten Bedenken und Zweifel zur Führungsfähigkeit gerechtfertigt.

Es ist notwendig, darüber nachzudenken, warum gerade im Bereich der Politik eine Fortschreibung im Sinne von Sachgerechtigkeit, Effizienz und Führungsfähigkeiten nicht gelingt. Dem Grunde nach soll doch gerade das demokratische Ordnungssystem entsprechend dem Willen der Bürger Flexibilität ermöglichen. Bei gravierenden politischen Richtungsentscheidungen gewährleistet das Parteiensystem in der Tat den Wandel. Aber solche Richtungsänderungen kommen zumeist erst dann zustande, wenn Fehlsteuerungen gravierende Mißstände verursacht haben und die Folgen für die Wähler spürbar geworden sind. Dieser Prozeß nimmt nicht nur zuviel Zeit in Anspruch, sondern die Komplexität der Sachverhalte bedingt zudem, daß der Wähler die Hintergründe der Entwicklungen gar nicht versteht. Am Ende entscheidet im Meinungsbildungsprozeß nicht das bessere Argument, sondern die Eloquenz der Interpretation und möglicherweise auch das Vertrauen in die politischen Leitfiguren. Im Hinblick auf die Kritik des Zeitbedarfs und geringe Effizienz wird routinemäßig geantwortet, daß diese Übel systemimmanent seien.

Mir scheint, daß eine solche Antwort unbefriedigend und falsch zugleich ist. Viele politische Führungsentscheidungen werden nämlich durch den Zeitablauf nicht besser. Falsche Zielvorstellungen, ein unrichtiges Menschenbild und mangelnder Mut zur Ordnungspolitik begründen viel eher die Defizite politischen Handelns. Das Streben der Politiker nach Beliebtheit und Wählerstimmen dominiert heute deutlich vor notwendigen Kurskorrekturen und der Durchsetzung wichtiger Problemlösungen. Im politischen Bereich haben wir nicht mehr den Mut und die Befähigung, unsere demokratische Gesellschaftsordnung kritisch zu analysieren und konstruktiv fortzuschreiben. Das Ausruhen auf Erfolgen in der Vergangenheit, auf Gewohnheiten und Besitzständen ist in bezug auf unsere Zukunftsfähigkeit unverantwortbar.

Wir müssen uns die Frage stellen, wie wir aus dieser Misere als Folge einer unterbliebenen Systemfortschreibung wieder herauskommen. Welche gedanklichen Ansätze gibt es im Bereich demokratischer Führung – vielleicht im Ausland –, die weiterführend sind? Denn es ist meine feste Überzeugung, daß nicht das politische System der Demokratie in Frage zu stellen ist, sondern seine Handhabung.

Über die Systemfortschreibung nachzudenken, ist deshalb eine der dringlichsten gesellschaftlichen Aufgaben. Zunehmend verlieren nämlich unsere Bürger das Vertrauen in die Funktionsfähigkeit ihrer demokratischen Ordnung und in deren Repräsentanten. In einer Zeit des globalen Systemwettbewerbs können wir es uns nicht leisten, das zentrale Ordnungssystem unserer Gesellschaft im heutigen Zustand zu belassen. – Ich bin überzeugt, daß zu der anstehenden Reform viele gedankliche und praktische Beiträge erforderlich sind. Nachstehend möchte ich nur die Möglichkeit analysieren, ob vermehrte Kreativimpulse auf einer Basis besserer Urteilsfähigkeit beruhen.

### *1. Beispiel:*
### *Lernen aus der Entwicklung der Führungstechnik*

Eine zu verallgemeinernde Erfahrung moderner Führungstechnik besagt, daß hierarchisch verfaßte Großorganisationen den permanenten Wandel und die Aufgabenkomplizierung in unserer Zeit nicht bewältigen können. Der Untergang der Denkmodelle der Planwirtschaft ebenso wie das hierarchisch verfaßte Ordnungskonzept des wissenschaftlichen Sozialismus sprechen eine eindeutige Sprache. – Wir sollten uns fragen, ob sich aus dieser gedanklichen Parallele zur Wirtschaft möglicherweise ein Hinweis auf einen Dezentralisierungsbedarf in Politik und Staat ableiten läßt.

Im Bereich der staatlichen Ordnung war früher das Gebot der Ordnungsmäßigkeit unter relativ statischen gesellschaftlichen Bedingungen fraglos erstrebenswert. Heute ist diese Zielsetzung nicht mehr ausreichend. Wir müssen zusätzlich zur Ordnungsmäßigkeit im Staat auch die Fähigkeit zur Effizienz und Methodenfortschreibung verlangen. Diese Aufgabenstellung kann eine Hierarchiespitze nicht bewältigen. Ähnlich wie in der Wirtschaft müssen auch in der staatlichen Verwaltung die Verfahren dort fortgeschrieben werden, wo die zuständigen Behörden aus eigener Erfahrung den Sachverhalt kennen. Der Staat muß dazu dort Freiraum gewähren. Zwar muß die Politik wie bisher die Ziele vorgeben, aber der optimale Weg zur Zielerreichung muß auf der unteren Führungsebene entwickelt werden. Dabei muß das Vorgehen der Behörden in bezug auf den angestrebten Erfolg meßbar gestaltet und im Rahmen eines Betriebsvergleichs bewertbar gemacht werden. – Der Betriebsvergleich bietet darüber hinaus den für die Methodenfortschreibung unschätzbaren Vorteil des Wettbewerbs. – Die obere Hierarchie muß sich für diese Form der Delegation der Verantwortung entscheiden. Ihr verbleibt mit der Zuständigkeit für die Zieldefinition und Kontrolle die entscheidende Steuerungsverantwortung.

Für den Bereich der Politik sind ähnliche Konsequenzen zu ziehen. Auch dort sind die Bedingungen für die Fortschreibung des demokratischen Systems denkbar schlecht. Dieser Mißstand ist aber keineswegs unabänderlich und demokratiebedingt, sondern ein Versäumnis der Verantwortlichen, das auf mangelnder Einsicht in moderne Führungstechnik beruht. – Ich vermute, daß der Weg bis zur Schaffung von Freiräumen und weiterführenden Arbeitsbedingungen für den Kreativen in der Politik vermutlich noch weiter sein wird als im Staat.

*2. Beispiel:*
*Einführung von Wettbewerb als Reformauslöser*

Die wichtigsten Anstöße zum Fortschritt beruhen weniger auf neuen Einsichten als auf Zwängen, die der Wettbewerb bzw. der Wille zu Fortschritt und Existenzsicherung auslöst. In der Wirtschaft wird uns im Zeitalter der offenen Märkte die unglaubliche Wirksamkeit des Wettbewerbs zur Gewährleistung von Effizienz und Fortschritt drastisch demonstriert. Die Zwänge zum Handeln und die Geschwindigkeit der Evolution fordern von den Menschen eine früher nie gekannte Anpassungsbefähigung. – In diesem Prozeß treten sicherlich auch Fehler auf. Trotzdem ist die überwiegende Mehrheit der Menschheit überzeugt und bereit, den Weg mitzugehen. Schließlich möchte jeder besser leben.

Der Wettbewerb in der Wirtschaft setzt die Meßbarkeit und Vergleichbarkeit der Leistungen voraus. Dafür sind in der Wirtschaft sehr qualifizierte Instrumente entwickelt worden. Alles spricht unter diesen Bedingungen für eine weitere Evolution.

Im Staat ist in bezug auf die von ihm zu erbringenden Leistungen die Herstellung von Bewertbarkeit oder die Einführung von Wettbewerb traditionell nicht üblich. Entsprechend registrieren wir bei allen Staaten dieser Welt unglaubliche methodische Rückstände, die den Bürger belasten und ihm unnötig hohe Kosten aufbürden. – Es ist sehr befriedigend, daß in unserer Zeit die staatlichen Verwaltungen beginnen, darüber nachzudenken, ob die Grundsätze leistungsorientierter Führung, eines öffentlichen Ergebnisvergleichs – und damit der Auslösung von Wettbewerb – eingeführt werden können. Eine solche Entwicklung hätte gleichzeitig mehrere positive Wirkungen: Die staatlichen Leistungen werden besser und billiger. Die Grundlagen für eine Delegation der Verantwortung – und damit für Evolution – werden geschaffen, und die systemimmanente Sicherung des Fortschritts ist gewährleistet. – Wenn wir es dann auch noch erreichen, die Arbeitsbedingungen für den kreativen Menschen im Staat herzustellen, wird es sehr wohl möglich sein, die Evolutionsfähigkeit der Wirtschaft auch im staatlichen Bereich zu erreichen.

## Sind Adaptionen im politischen Bereich möglich?

Wenn – wie wir gesehen haben – der Leistungsvergleich eine wirksame Prämisse des Wettbewerbs ist, könnte man in bezug auf das politische System der Demokratie argumentieren, daß der Wettbewerb dort durch die Vielfalt der politischen Parteien gewährleistet ist. In Grenzen wäre eine solche Argumentation fraglos richtig. Aber gerade diese Grenzen bedürfen der Analyse, weil die Leistungen des demokratischen Ordnungssystems heute in mancher Hinsicht nicht mehr befriedigen. Ähnlich wie hinsichtlich der Führung in der Wirtschaft muß deshalb die Frage aufgeworfen werden, welche Prämissen der gesellschaftlichen Ordnung sich verändert haben und wie – möglichst auf Dauer – eine Systemfortschreibung ausgelöst werden kann.

Zu der Frage, ob der politische Wettbewerb der Parteien hinreichende Erneuerungsimpulse vermittelt, wäre zuvor zu untersuchen, ob der Bürger den ihm zugedachten Steuerungseinfluß sachgerecht einbringen kann. Zusätzlich wäre die Frage zu stellen, ob dieser Prozeß zeitlich zu beschleunigen ist. – Wenn wir diese Ziele anstreben, müssen wir insbesondere untersuchen, ob der Bürger überhaupt hinreichende Grundlagen für die von ihm zu treffenden Entscheidungen besitzt. – Woran kann der Bürger zum Beispiel die Qualität der Arbeit politischer Instanzen und Parteien messen? In gewisser Weise ist dies sicherlich möglich an Zieldefinitionen einerseits und der persönlichen Vertrauenswürdigkeit der Repräsentanten andererseits. Dagegen ist es für den Bürger fast unmöglich, behauptete Resultate politischer Arbeit zu überprüfen und richtig zu bewerten; dies um so mehr, als es zur Routine der westlichen Demokratien geworden ist, die finanziellen Folgen politischer Fehlsteuerungen mittels Kreditaufnahme zu verschleiern.

Wie kann der Bürger also politische Programme und ihre Auswirkungen hinreichend bewerten, wenn er über die Ergebnisse politischer Entscheidungen keine sachgerechte Übersicht erhält? Wie kann der Bürger bei der heute üblichen Art politischer Bilanzierung überhaupt Leistungen von Versagen unterscheiden? Diese Bewertung ist sachlich schon schwierig genug. Sie wird aber geradezu zu einem Ratespiel, wenn in unseren Wahlkämpfen mit völlig unrealistischen Parolen und Versprechungen geworben wird. Der Bürger hat bereits begriffen, daß er sich auf solche Versprechungen nicht verlassen kann – aber wie soll er Politikprogramme denn beurteilen? – Ist Demokratieverdrossenheit seine einzige Alternative?

Ein aus dem Systemvergleich von Wirtschaft und Staat resultierender Schluß zu diesem Problem scheint mir in der Verbesserung der Berichterstattung über politische Erfolge und Leistungen zu liegen. – Ein sehr beeindruckendes Beispiel habe ich in dieser Hinsicht in der politischen Führung und Berichterstattung in amerikanischen Städten sowie in Neuseeland kennengelernt. Zeitnah und umfassend wird dort der Bürger informiert – und um seine Meinung gefragt. Die Ergebnisse einer solchen lebendigen Demokratie sind erstaunlich. Die Bürger identifizieren sich mit ihrer Stadt und dem demokratischen System. Sie übernehmen Verantwortung und sind zufrieden. – Daß unter solchen Bedingungen der Wettbewerb der Parteien nicht auf Versprechen und Demagogie beruht, sondern daß Fakten zählen, ist leicht zu verstehen. Dort ist es gelungen, die demokratisch gewollte Einflußnahme der Bürger auf die Stadtpolitik zu realisieren und gleichzeitig den kommunalpolitischen Dialog von den bei uns üblichen demagogischen Überspitzungen zu befreien.

Ein weiteres Ergebnis dieser Art verständlicher politischer Führung wäre eine bessere Einschätzung der Befähigung der politisch Verantwortlichen. Hier tut sich eine Möglichkeit zu einer sachgerechten politischen Personalarbeit auf. – Der griechische Philosoph Platon meinte vor 2400 Jahren, ein demokratischer Politiker müsse sich zuvor in einer Aufgabe bewährt haben. Das Prinzip der in Amerika praktizierten leistungsorientierten Führung mit dem verständlichen Nachweis der Resultate wäre ein Beitrag in diesem Sinne. – Wenn wir uns dann auch noch – ähnlich wie es jetzt in den USA versucht wird – entschließen könnten, Budgetdefizite der öffentlichen Hand per

Verfassung zu verbieten, würden wir eine auf Leistung und Verantwortung beruhende, sehr viel wirksamere politische Führung erhalten.

Wer meiner Argumentation in diesem Zusammenhang entgegenhalten möchte, daß solche Lösungen in Deutschland nicht realisierbar sind, verkennt die Situation. Wenn wir andere Gewohnheiten praktizieren, heißt das noch lange nicht, daß wir sie nicht ändern können. Für mich gibt es keinen Zweifel, daß der politische Wettbewerb ebenso effektiv und sachgerecht gestaltet werden kann, wie wir es jetzt im Bereich der staatlichen Verwaltung vorsichtig umzusetzen versuchen.

Daß eine solche Systemfortschreibung vom politischen Establishment getragen wird, kann ich mir nicht gut vorstellen. In unserer politischen Hierarchie hört man viel von unterschiedlicher Politik und wenig von der Systemfortschreibung. – Wahrscheinlich müssen Außenseiter und Bürger mit Führungserfahrung hier die Initiative ergreifen. – Als Präsident John F. Kennedy im Jahre 1963 an der Berliner Mauer sagte, »Freiheit ist ansteckend« (»Liberty is catching«), hat mich diese Voraussage beeindruckt. Ich möchte hoffen und wünschen, daß die zunehmenden Möglichkeiten unserer Bürger, an internationalen Erfahrungen der Demokratiegestaltung teilzunehmen, in ähnlicher Weise zu weiterführenden Konsequenzen führen. Ein solches Procedere wäre in unserer Zeit nicht nur demokratisch, sondern auch von der Systematik her erfolgversprechend. Nicht die politischen Spitzen werden die Reform des demokratischen Systems tragen, sondern die Erkenntnisse der kritischen, kreativen und konstruktiven Bürger unseres Landes.

Um auf diesem Wege voranzukommen, wird es sich empfehlen, entsprechende Versuche der Leistungsmessung und Berichterstattung in unseren Städten durchzuführen. Solche Versuche sind bereits in verschiedenen Städten auf dem Weg. Die Möglichkeit, dabei Auslandserfahrung einzubringen, ist vorhanden. Über die Wirkungen des empfohlenen Vorgehens braucht man nicht mehr zu spekulieren. Sie sind bewiesen – und bedeuten die Wiederbelebung wirksamer und evolutionsfähiger Demokratie. – Entscheidend wird es bei diesem Prozeß sein, der politischen Exekutive Freiheit für das Erproben und Ausgestalten neuer Wege zu gewähren. Auch in der Politik wird es sich zeigen, daß der Fortschritt von den kreativen Menschen getragen werden muß und nicht von Kollektiven.

# V Menschlichkeit hat die bessere Chance!

In den bisherigen Ausführungen habe ich dargelegt, wie die Ordnungssysteme der Kulturen fortzuschreiben sind, um den Anforderungen des Lebens in einer Weltgemeinschaft gewachsen zu sein. Meine Analyse und die Vorschläge zur Systemfortschreibung basieren letzten Endes auf meiner Überzeugung, daß hierarchische Strukturen in bezug auf ihre Führungsfähigkeit überfordert sind. Diese Erkenntnis gilt in allen gesellschaftlichen Bereichen, wie zum Beispiel in der Politik und der staatlichen Verwaltung, aber auch bei der Verantwortung für Sicherheit und geistige Orientierung.

Nach meiner Auffassung müssen die Ordnungssysteme der Zukunft viel stärker von der Zustimmung und dem Engagement aller Beteiligten getragen werden. So wie es unverzichtbar ist, Verantwortung nach unten zu delegieren, um das notwendige Maß an Kreativität und Innovationsfähigkeit zu sichern, so müssen alle diese Verantwortungsträger auch in der Lage und bereit sein, sich mit ihren Aufgaben zu identifizieren. Das gilt sowohl für die Zielbestimmung wie für die Gestaltung der Durchführung.

Wenn sich diese Prämissen als richtig erweisen sollten, lautet die unabweisbare Folgerung, daß wir nicht mehr, wie in der Vergangenheit, Autorität und Führung auf Gesetz und Disziplin gründen, sondern überwiegend auf die Überzeugung und das Engagement der Bürger und aller Verantwortungsträger. – Wir müssen auch akzeptieren, daß in einer Welt des Wandels Erfolg und Beständigkeit nur durch Leistungsfähigkeit gesichert werden können. – Wenn ich diese Prämissen auf unseren eigenen Kulturkreis beziehe, erkenne ich zwar einen gewaltigen Reformbedarf – aber auch die Chance, im internationalen Wettbewerb der Systeme nicht nur Schritt zu halten, sondern voranzukommen.

Nachfolgend versuche ich in wenigen Thesen, meine Zuversicht zu begründen. Ich hoffe, daß diese Thesen sowohl kritisch reflektiert als auch zuversichtlich gelesen werden. – In diesem Sinne erbitte ich Ihre Aufmerksamkeit:

### *1. These*

»Menschlichkeit hat nichts zu verbergen – dagegen werden Absichten, die auf Kosten anderer Menschen gehen, geheimgehalten.«

Diese Erfahrung ist für die Pläne der Herrschenden seit langer Zeit zutreffend. Mächtige suchen an erster Stelle ihren eigenen Vorteil! Sie würden sich selbst schaden, wenn sie diese Absicht veröffentlichten. – Repräsentanten humaner Projekte werben dagegen öffentlich für ihre Ziele und Pläne, weil sie damit rechnen dürfen, in der Öffentlichkeit Zustimmung und Unterstützung zu finden.

Aus der politischen Praxis dazu ein Beispiel: In der Demokratie wird Transparenz gefordert und praktiziert. In Diktaturen herrscht dagegen geradezu eine Kultur der Geheimhaltung. – Und das aus gutem Grund: Die Demokratie dient den Interessen der Menschen und ist bemüht, zu verstehen und verstanden zu werden. – Die Diktatur muß dagegen schweigen, um ihre Existenz zu sichern. – Es ist leicht zu folgern, daß eine demokratische und humane Politik in der Öffentlichkeit leichter durchzusetzen und dadurch erfolgreicher ist.

## *2. These*

»Die heute umfassende Berichtspflicht aller gesellschaftlich relevanten Bereiche in den Demokratien läßt Fehlentwicklungen rechtzeitig erkennbar werden.«

Transparenz fördert in der Gesellschaft und in der internationalen Zusammenarbeit Verläßlichkeit und Vertrauen. Sie eröffnet bessere Möglichkeiten der Kooperation. – In Hierarchien wird diese Durchschaubarkeit vermieden. Entsprechend ist auf sie weniger Verlaß und die Kooperation mit ihnen schwieriger.

*3. These*

»Aus führungstechnischen Gründen muß heute bei Großprojekten die Verantwortung stark dezentralisiert werden. – Die Mitsprache und Mitverantwortung der Betroffenen verbessern die Entscheidungsqualität.«

Nur eine freie Gemeinschaft kann es wagen, Verantwortung auf untere Ebenen zu delegieren. In einer demokratischen Gesellschaft kann durch Information und Dialog Konsens als Grundlage des Handelns und der Freiheit zum Gestalten erreicht werden. – Die Planwirtschaft in hierarchischen Strukturen unterdrückt abweichende Meinungen – und entscheidet deutlich schlechter.

*4. These*

»Die Leistung der Kreativen bestimmt den Fortschritt in der Gesellschaft.«

Kreativität bedarf zu ihrer Entfaltung Freiheit und Motivation der Menschen. – Hierarchisch verfaßte Staaten fürchten Eigenständigkeit und vermeiden Freiraum.

*5. These*

»Als Grundlage ihrer Gemeinschaftsfähigkeit brauchen Menschen Konsens in bezug auf Werte und Ziele.«

In einer freien Gesellschaft gehört es zur Normalität, gesellschaftlich relevante Regelungen im Sinne der Menschlichkeit und Funktionstüchtigkeit zu hinterfragen. – Der Obrigkeitsstaat in seiner dogmatischen Einengung kann das nicht zulassen – und ist entsprechend weniger lern- und anpassungsfähig.

### 6. *These*

»Selbstverantwortung und Eigentum sind in einer freien Gesellschaft erfolgreiche Steuerungselemente.«

Hierarchisch verfaßte Gesellschaften mißtrauen dem Markt und der Regelungsfähigkeit von Verbänden. Die staatliche Steuerungspraxis kann weder entsprechende Leistungsimpulse auslösen noch ähnlich effizient den Bedarf decken. – Systembedingt ist dort der Lebensstandard der Bevölkerung niedriger.

### 7. *These*

»Führungsfähigkeit ist der entscheidende Erfolgsfaktor.«

Die freie Gesellschaft hat im Bereich der Wirtschaft mit der unternehmerischen Führungstechnik ein Vorbild in bezug auf Effizienz und Innovationsfähigkeit geschaffen. – Die Staatswirtschaft will nicht zugeben, daß durch Bürokratie und »Planerfüllung« der Fortschritt behindert wird.

*8. These*

»Das in unserer Zeit neugeschaffene führungstechnische Konzept der ›Unternehmenskultur‹ berücksichtigt die Ziele aller Beteiligten. – Es setzt aber auch ihre Identifizierung mit der Aufgabenstellung voraus!«

In hierarchischen Strukturen können ähnliche Voraussetzungen nicht geschaffen werden. Dort ist das Interesse des Staates richtungsbestimmend. Das neue Führungskonzept unserer Zeit ist deshalb dort nicht anwendbar.

*9. These*

»Das Ordnungssystem der Unternehmenskultur kann in allen Bereichen der Gesellschaft zur Anwendung gebracht werden.«

Die ursprünglich unter dem Druck des internationalen Wettbewerbs in der Wirtschaft entwickelte Ordnung der Unternehmenskultur kann auch in Staat und Politik erfolgreich eingesetzt werden. Dieses Ordnungssystem verspricht die Lösung zur Gewährleistung der Führungsfähigkeit in Großorganisationen zu werden.

*10. These*

»Die Sicherung der Kontinuität einer wichtigen Funktion liegt im gesellschaftlichen Interesse. Sie erfordert eine

Optimierung der personellen und führungstechnischen Voraussetzungen.«

Eine Gesellschaft muß lernen, alle Tätigkeiten meßbar und bewertbar zu gestalten. Sie hat dann eine bessere Chance, zu lernen und im Wettbewerb zu bestehen. Zugleich ist es dann möglich, die Eignung der Verantwortlichen in Führungspositionen sachgerecht zu bewerten.

### *11. These*

»Zur Sicherung der Wettbewerbsfähigkeit müssen wir sehr viel mehr Kreativität und Flexibilität aufbringen.«

Das Potential für Kreativität ist in den Menschen vorhanden – aber es wird derzeit nicht angefordert. – Die Bereitschaft zur Flexibilität beruht auf Einsicht – und kann geschaffen werden.

Während hierarchische Ordnungssysteme gewünschte Verhaltensweisen der Menschen glauben anordnen zu können, setzt die Unternehmenskultur auf die Identifizierung aller Beteiligten mit der Aufgabenstellung.

### *12. These*

»In unserem Zeitalter der Kommunikation und Kooperation werden die Lernprozesse der Kulturen in Richtung internationale Gemeinschaftsfähigkeit beschleunigt.«

Schon viele Beispiele, wie die Definition der Menschenrechte und eine große Anzahl internationaler Abkommen, kennzeichnen das Bemühen um eine für alle Kulturen gültige Weltordnung. Die Durchsetzung und Handhabung dieser Regelungen brauchen Zeit. Sie liegen aber im Interesse aller und werden gelingen. – Die früher in der internationalen Kooperation gültige Erfahrung, daß Macht entscheidet, wird zunehmend durch die Grundsätze der Menschlichkeit und Gerechtigkeit abgelöst werden.

## *Schlußwort*

Meine vorstehenden Thesen beruhen auf meinen eigenen Führungserfahrungen in der Wirtschaft sowie bei meinem gesellschaftlichen Engagement, das mich mit den Mitteln der Bertelsmann Stiftung veranlaßte, mich theoretisch und praktisch mit den Fragen der Führbarkeit und Innovationsfähigkeit in unserer Zeit zu befassen. – Aufgrund der gewonnenen Erkenntnisse bin ich zuversichtlich, daß wir die Systemfortschreibung trotz ihres Schwierigkeitsgrades sehr wohl bewältigen können. Eher habe ich gewisse Zweifel, ob der Verstand der Verantwortlichen ausreichen wird, die Gefährdungen ihres Erfolgs zu vermeiden, die in unserer menschlichen Wesensart begründet liegen. – Können wir begreifen, daß wir uns mit falschem Ehrgeiz und überzogenen Zielen selbst im Wege stehen? Ist es uns deutlich, daß Forderungen der Ethik und der Menschenrechte auch für uns Grenzen setzen? Sind wir bereit, im Interesse der Gemeinschaftsfähigkeit Verantwortung zu übernehmen und mit unseren Ansprüchen

Maß zu halten? – Ich durfte in meiner beruflichen Laufbahn erfahren, daß die auf den Menschen ausgerichtete Ordnung der Unternehmenskultur unglaubliche Kräfte auslöste und Erfolge bewirkte. Aber diese Kultur verlangte auch, den Lebensanspruch der Führungskräfte und Mitarbeiter zu respektieren: in bezug auf materielle Gerechtigkeit und Verantwortungsübernahme.

Ich bin aber trotz dieser vielen Unwägbarkeiten durchaus zuversichtlich und positiv gestimmt. Ich selbst durfte erfahren, daß bei richtiger Zielsetzung und einer dem heutigen Selbstverständnis der Menschen entsprechenden Ordnung ganz unglaubliche Kräfte an Einsatzbereitschaft, Gestaltungsfähigkeit und Verantwortungsbewußtsein geweckt werden können. – Ich habe dieses Buch geschrieben, um den Menschen die Zuversicht zu vermitteln: Die vor uns stehende Aufgabe einer grundlegenden Gesellschaftsreform ist zu bewältigen! – Und der Wegweiser zum Erfolg heißt:

Menschlichkeit gewinnt!